落語がつくる〈江戸東京〉

落語がつくる〈江戸東京〉

Rakugo Ga Tsukuru
<Edo Tokyo>

田中優子 編

Yuko Tanaka

岩波書店

はじめに

法政大学江戸東京研究センター

本書は、二〇二一年一一月二三日に法政大学江戸東京研究センター(EToS)が主催して開かれたシンポジウム「落語がつくる『江戸東京』イメージ」に関わった研究者たちにより、執筆されました。

法政大学江戸東京研究センターは、文部科学省の「私立大学研究ブランディング事業」の採択を受け、二〇一七年に設立された研究拠点です。イタリアの建築史・都市史を研究し、「水都」の比較研究を推進してきた陣内秀信デザイン工学部教授(当時)を初代センター長とし、工学系の研究者と人文学系の研究者がともに「江戸」と「東京」を視野に入れ、それまでにない「新・江戸東京研究」を開始したのです。「江戸」は時代の名称かつ地域の名称ですが、それにとどまらず、当時世界最大でありながら循環型で、持続可能な内発的発展を実現した都市として、再評価されています。

一九八〇年代には「江戸東京学」が誕生し、江戸と東京の時代の垣根を越え、歴史学、民俗学、文学、建築、都市計画、考古学など多くの分野が連携しました。センターは、その成果を踏まえながらより視野を広げた「新・江戸東京研究」の拠点として多くの成果をあげています。対象とする時代は古代・中世に、空間は東の東京低地や西の武蔵野・多摩へと広がっています。現在、「地理情報システムと名所の景観」「江戸東京の文学と都市史」「表象文化と近未来デザイン」の三つのプロジェクトが動いています（全貌はぜひセンターのホームページでご覧ください）。本書も、それらのプロジェクト同様、文学、歴史、地理、文化人類学、都市工学、建築などの経験と知とが、集積された世界です。

本書の構成

本書は、シンポジウムの中で生まれた、ある「問い」が核になっています。それは、落語における長屋やさまざまな場所と人間関係が「事実そのまま」ではなく、江戸時代の現実を要素としながらも、その後の時代に物語としてつくり上げられてきたのではないか、そして今も、つくり続けられているのではないか、という問いでした。そうであるなら、そこにはどういう願望が反映されているのか？なぜそのような物語が必要になったのか？　その願望を未来に活かせるとしたら私たちは何をすべきなのか？　議論の中で生まれてきたそれらの問いや謎を、それぞれがまず解いてみよう、ということになりました。書名『落語がつくる〈江戸東京〉』の「つくる」という言葉に込められているのは、動かぬ事実として存在する「江戸東京」を分析するのではなく、私たちが何らかの形で日々「つくっている」江戸東京とはなんなのか、という意味です。

小林ふみ子「江戸東京の物語としての落語」は、全体の総論であり導入です。江戸東京のアイデンティティが、物語・伝承、行事、習慣、生活のありようによって支えられてきたことを明らかにし、その研究史と実際とを紹介します。山本真鳥「落語——文化人類学の視点から」は昔話、伝説、神話等と落語を同じ地平に置いています。そこに多くの類似が浮かび上がります。

川添裕「動く江戸東京落語――「黄金餅」から出発して」は「黄金餅」を事例として、語られる場所が円朝から志ん生・志ん朝へ、大きく変わったことを指摘しています。住民やそれに伴う場所のイメージの変化のみならず、願人坊主など門付け芸の消滅等の「人のありよう」の変化にも関係していたことを発見しながらも、「黄金餅」が消えないのはなぜかを問い、落語が死と再生が行われる「祭儀的な時空」という神話的な方法をもっている、という今までの落語論にはなかった視点を提示します。

佐藤至子「「文七元結」と江戸・東京」は落語「文七元結」の登場人物の動きを江戸の地理の中に追い、それが単に地理的な事柄ではなく、「江戸っ子気質」という人間のありようと共に保存されていることを発見します。田中敦「はるかなる「落語国」をさがして――落語のフィールドワーク」は、土地の記憶と結びついたからこそ、落語演目の東西の相互移入が可能になったことを述べます。さらに、落語がいかに時代に合わせて新作をつくり出してきたかを示すと同時に、戦後、古典落語と新作落語に分かれたことで生じた課題も指摘します。

田中優子「「長屋」という思想」では、長屋は「厄介者や粗忽者や文字の読み書きができない人や無職やその日暮らしの職人が堂々と生きている社会」であり、そういう場所は近代の、勝ち負けと立身出世と高度経済成長を価値とする社会から否定されたこと、しかし長屋は「社会とは異なる価値の物語が生まれる場所」として生き延びたこと、それこそが落語の長屋であることを明らかにします。

横山泰子「「怪談牡丹燈籠」の長屋」では、落語だけでなく小説、映画、テレビドラマになった「怪談牡丹燈籠」から、長屋の描写を取り出し、武家社会とは異なる長屋の人間関係がどう描かれたかを紹介します。中丸宣明「「お節徳三郎」論――熊さん八つぁんたちのフェミニズム」は、幕末維新期の社会変動の中での落語の変化を見ながら、男女同権や自由結婚と心中噺が結びつき、西洋的な男女観と習俗的な男女観が同居する落語の世界を描き出します。

陣内秀信「都市空間のなかの長屋――江戸東京とヴェネツィア」は、東西の長屋に焦点を絞り、とりわけ「路地」と「共同井戸」に注目しながら「コモンズとしての集合的な空間」を描き出し、「家に住むより、むしろ街に住む」という共通の感覚を指摘します。高村雅彦「上海の長屋と滑稽戯」は、上海の長屋「里弄」を舞台に展開する中国版落語「七十二家房客」を取り上げ、落語の長屋が決して日本だけのものではなく、中国でもまた、話芸と集合住宅が都市のアイデンティティをつくり上げてきたことを教えてくれます。栗生はるか「現代の長屋ぐらし事情」は、まさに現代の話です。著者が実際に活動している長屋や銭湯の調査と保存、新たな活用について報告し、そこに現代のナポリの長屋的生活の報告が重なることで「未来に活かせるとしたら私たちは何をすべきなのか?」という問いに答えます。「あらゆるものは壊れているが肝心の人間が壊れていない」ナポリの人々の生活を背景に、長屋も銭湯も消えゆく中で、「頼れるのはやはり落語」という結論は、まさに本書の結論です。

二〇二三年六月

田中優子

目次

目 次

目次

カバー画 Jules Adam "Au Japon: Les raconteurs publics"(長谷川武次郎、一八九九)の複数の挿絵を合成調整
表紙画 『新はんをとしばなし』(表)と同右(裏)より
(いずれも原画提供 川添裕)

＊原文引用にあたり、引用者注は〔　〕内に入れ、省いた箇所を〔略〕などで示した。振仮名の一部を省き、改行箇所を／で示したところがある。
＊書名の角書は〈／〉で示した。

I　都市の物語としての落語

1　江戸東京の物語としての落語

小林ふみ子

はじめに

落語のなかに多くの地名が出てくることは言うまでもなく、とりわけ江戸を舞台とする噺にはあまたのその地名が出てくる。それらとともに話されてきた江戸東京の都市空間やそこに暮らす人々の姿が織りなす都市イメージは、もちろん歴史的な江戸東京のありようを基盤にしつつも、演出あり、誇張ありと実は多分に虚構性をもつものであろう。

本書は、江戸東京という都市そのものが有形の建造物やモニュメントではなく、無形の物語によって支えられてきたことが多角的に論じられてきたことをふまえ、この都市のアイデンティティを支える物語の源泉の一つとして落語をとらえるという試みである。かつて、この街では、貧しくも楽天的な人たちが助けあいながら笑いあり涙ありの日々を送っていた……。そうした漠然と抱かれているイメージの源泉に落語があること、その前提として都市空間の認識そのものも各話の時代設定によらず、高座にかけられる、そのときどきの感覚が反映され、結果として時代を超えた重層的なあり方を反映していることを論じる。

本稿ではまず、落語に限らず、物語・伝承、行事や慣習から細部にわたる生活のありようまで、無形遺産によって江戸東京のアイデンティティが支えられてきたことをめぐるこれまでの研究を紹介する。そのうえで、落語の世界で地名から想像される江戸東京のありようを探り、そこにはある種の虚構性が入り込んでいることについて考えてみたい。

一　無形遺産に支えられた都市・江戸東京――研究史

江戸東京は、武蔵野に都市として建設された一七世紀初頭以来、いくたびとなく、火災、水害、震災に見舞われ、二〇世紀なかばには空襲によって市中が焦土となる経験をした。当然のこととして、東京の歴史的建造物は、ほぼ近代のものである。この都市を代表する仏閣たる浅草寺や増上寺も例外ではなく、それより前の古い建築としては、上野の寛永寺が幕末の兵火で焼かれたあと、明治期に川越から移築した本殿をもつことが挙げられる程度か。由緒ある都市ながらも、近代より前にさかのぼる歴史を目にできる有形物としては、実は、ほぼ江戸城の石垣、内濠や外濠が部分的に残るのみなのである。そうした目に見える大きな遺産が乏しい江戸東京の前近代に遡及する歴史性は、それら以外のもので担保されている。

国内にいるとこのことを意識することはあまりないが、江戸東京研究センターのプロジェクトのなかで、この都市の特質として認識されるようになった。その契機は、水の都市としての共通点をもつヴェネツィアとの比較研究にあった（江戸東京も濠や水路が埋め立てられ、あるいは暗渠にされる以前は、水運が張りめぐらされていたのだ）。二〇二〇年に同市のカ・フォスカリ大学と合同でシンポジウムを開催、その成果を『水都としての東京とヴェネツィア──過去の記憶と未来への展望』として上梓している。[1]そのなかでこの問題に注目したのが、建築の視点から両都市を較べたマテオ・ダリオ・パオルッチ「ヴェネツィアと東京の比較研究の意義──歴史の継承と保存問題」であった。一三世紀以来の歴代の様式をもつ建造物がそのまま残るヴェネツィアでは実は世の人が思うほどには都市景観が保存されていないのに対して、多くのものが失われた江戸東京では意外にも街の特徴や雰囲気がよく保持されているところがあること、それは無形（intangible）に近い領域でなされていることを論じている。

この主張は、ほぼ同時期に別のプロジェクトの成果として刊行していた『好古趣味の歴史──江戸東京からたどる』[2]に収めた諸論文でみえてきたことと響きあうものであった。一八世紀以来、江戸の歴史に対する関心が高まり、多くのものが失われた状況下において、やはり片々たる記録・事物、日常的な器物、慣習や伝承などをたどるかたちで過去の事実を考証し、その価値を再発見する営為が重ねられてきている。大きな建造物ではなく、日常生活のなかに歴史を探るのは、江戸東京では近世以来のことなのである。

これを受けて、二〇二一年九〜一〇月に学内で開催した特別展は「〈人・場所・物語〉──"Intangible" なもので継承する江戸東京のアイデンティティ」と題した。江戸時代における、失われた歴史や慣習を文献や残された事物のなかに探る営みの始まりから、江戸から東京へと時代が変わるなかでも過去の歴史、習俗・慣習、年中行事や祭礼などを懐古的に記述する書物がつくり続けられ、読み継がれてきたこと、さらにそれらに記録された生活様式の細部が、一部は今日にも継承されていることを提示した(3)。

東京の歴史性が、有形の遺産ではなく物語・伝承、記憶や慣習あるいは日常生活のありようなど無形のものごとによって支えられていることは、実は以前から注目されていた。先述のシンポジウムに参加、論集にも寄稿しているポール・ウェイリーは、バブル経済に沸く一九八〇年代末に東京の歴史的なありようを紹介する著書を“*Tokyo: City of Stories*”と題して刊行していた(4)。同書は「……its past, so little of which remains for us to see today(今日、目にみえる過去がほとんど残っていない)(5)」という東京のありようを前提として、東京の歴史的な地域たる千代田・中央区から東部・北部・南部について、地域別に、かつてそこにあったもの、生きた人について記すことによって、この都市の歴史的な像を提示した書物であった。

また、まさに「モニュメントなき都市の歴史と記憶」を副題とする著作も出されている。二〇二一年に日本語版が刊行されたジョルダン・サンド著『東京ヴァナキュラー』で、一三年の原著の題は“*Tokyo Vernacular: Common Spaces, Local Histories, Found Objects*”であった(6)。著者は、歴史保存の対象となる建造物に乏しいこの都市で、一九七〇年代以降、日常のなかに過去の痕跡を求め、その価値を再発見する動きが多面的に起こったことを論じる。行政区域としては複数にまたがる谷中・根津・

千駄木を一つのアイデンティティをもつコミュニティとして創りだした地域誌、一見とるにたりない路上の事物に価値を認める路上観察学、あるいは日常生活の再現を試みる博物館展示などが考察の対象となっている。それは「下町」のノスタルジックな情緒の商業主義的利用と無縁ではなく、ときにナショナル・イメージの演出のために政治的に動員されることもあったとはいう。それでも地域のアイデンティティを創出し、ローカルな共同体の日常生活をめぐる共同の記憶をつくりだしたことの意義を強調している。それらの活動は「ローカルで親しみ深いもの、小さなもの、はかないもの、そして一見些末なものさえもそれ自体に価値」を認めるもので、「資本主義や国家主導の開発が規定するのとは異なる条件のもとで築かれ住まれる都市」という理念に貫かれているとする(7)。

共同の記憶や慣習、日常生活のあり方のなかにその土地らしさ、アイデンティティが見いだせるという現象は、多かれ少なかれあらゆる都市に見いだせることであろう。著者のサンドが同書の「日本語版への前書き」で「東京にしかないユニークな特質を明らかにするためというよりも、今日いたるところにある私たちの都市の状況を、そして私たちが築いてきた過去との関係のあり方を探るために、この本を書いた(8)」とした通りである。かつての都市景観をとどめる有形の歴史遺産が乏しいという事態も、木造建築が多く災害の多い日本の都市においては、まま見られる。

そのなかで江戸東京において特徴的なのは、有形の遺産がきわめて限定的である一方で、文学や芸能の舞台となって、それらの作品を通じて都市空間やそこに生きる人々が想像され続けていることであろう。赤穂浪士の討入りをはじめとする時代劇、さまざまな時代小説の影響力は大きい。落語もまた、そうしたものの一つといえる。

とりわけ落語は、噺家の祖先たちがかつての身分社会において町人であったことが影響してか、等身大の庶民に視点がある。その点で武士が主人公となることも多い講談よりも、サンドが論じた「下町」的なものとしての東京像と重なりあうところが大きく、そうしたイメージを強化する。

本書で扱われる噺のほとんどが、いわゆる「古典落語」である。一口に「古典落語」といっても、なかには江戸時代に淵源をもつ噺もあるが、多くが明治以降につくられ、時の流れのなかで変容してきたものである。それらを語り継いできた歴代の噺家が過去への想像力を発揮して描き出し、聴衆に伝えてきた江戸東京の空間イメージの一端を、落語素人の筆者なりに以下で探ってみたい。

二　地名で想像される都市空間

落語には、多くの実在の地名が登場する。現実の土地を舞台にしつつも、地図で図示できない分、状況はことばにするしかない。そこで、描写せずして場面を想像してもらう手がかりとなる地名は効果的である。

江戸東京に限っても神田・日本橋をはじめ、話にのぼる地名は多い。そこで顕著なのが、かつての下町への偏りであろう。登場人物の多くを町人が占め、視点が彼らにおかれることが多いだけに、町人地が主要な舞台となるのは必定である。(9)

北村一夫『落語地名事典』(10)を例にとってみよう。例言によれば、五百余編の噺に現れる五百七十余箇所の地名を現代の行政区ごとに編集したものである。基本的には二十三区内で、わずかに周辺市部を含む。取りあげられる地名は、江戸時代において下町の中核をなした中央区と台東区が一〇〇項目を超える一方、一〇〇以下、五〇超の区域は、下町と山の手の武家地にまたがる千代田区、港区、また隅田川東岸の墨田区である。その他、二〇を超えるのが文京区・江東区。西の郊外であった新宿区は一六項目で、これら以外に一〇を超える区や周辺市部はない。

栗田彰『落語地誌――江戸東京〈落語場所〉集成』[11]は、もう少し収録範囲を限定する。地域別に地名を挙げていく形式で、大項目として立てられるのは上野、下谷、蔵前、浅草新堀端、浅草観音、観音様の裏手、新吉原、今戸、神田、丸の内・番町、日本橋、銀座、大川端、馬喰町・葭町《よしちょう》、深川、本所、北本所・向島、芝。赤坂・麻布・白金・目黒はまとめて一項目とされる。現代の行政区でいえば、ほぼ台東区・中央区・千代田区・港区、これに江東区・墨田区の西部に収まる。あとはこれらに準じて江戸三宿（板橋以外）と「所どころ」と称する現新宿区・文京区・北区あたりの地名若干が加えられるにとどまる。

この二書はほぼ同傾向を示すといえるが、これを視覚化するのが日本大学文理学部の江戸・東京ｗｅｂＧＩＳの「東京落語」で[12]、落語で言及される地名が皇居すなわち江戸城に対して東側、北東方面から南側にかけて顕著に数多く分布していることを示している。西部にも関連する地が散在するものの、詳細を見ると古典落語の地名ではないものが少なくない。地名は噺によって必ずしも固定的ではなく、これらだけですべてといえるものではないが、大きな傾向は十分に把握できよう。

落語通の方にすれば当然のこととといえばそれまでだが、あらためてここからわかるのは、落語に出てくる地名は圧倒的に下町の旧町人地が多いこと、それに次いでかつて武家屋敷が並んだ山の手の千代田区の西側や港区あたりも舞台に含まれたことである。一方で池袋、新宿、渋谷といった山手線西側のターミナル駅周辺はほとんど出てこない。江戸時代までは場末ないし農村であっただけに、当然のことであろう。そこから結果として、多くの現代人にとっては、生活や仕事の拠点がない限り、実際に東京に居ながら行ったことがなくても不思議ではない土地ばかりが頻出する。つまり落語で話される「江戸東京」と、現代人の体験する東京との間には明らかにずれがある。

感覚的な物言いになるが、東京のなかでも「江戸的」なエリアといえば日本橋・人形町や浅草周辺、あるいは隅田川の東の向島から深川あたりが想起されることが多い。震災ののち戦災で焼け尽くされ、古い街並みが残るわけではないにもかかわらず、だ。ここにも落語の世界が下敷きとなって、時代小説などにも投影された「江戸像」がかかわっているのではないか。

三　土地イメージ――落語のなかの「麴町」

落語によってつくられる「江戸」像と現代の東京との乖離は、このような空間的なずれだけではない。落語の「江戸東京」像のもつ虚構的側面について、麴町を具体的な例として論じたい。現在も千代田区の西側、番町・平河町・紀尾井町に隣接する区域の名称として残り、地下鉄有楽町線の駅名としても採用されている。二一世紀初頭まで日本テレビ本社の所在地として一定の知名度はあったと思われるが、現在、どれほどの人がこの名に具体的なイメージをもっているであろうか。
ところが、落語の世界では少なからぬ噺にその名が見られる。前節で述べたように神田や日本橋あたりの下町ではなく、山の手地域では珍しいともいえようか。

もっとも有名なところでは、三遊亭円朝(一八三九～一九〇〇)が大成したとされる人情噺「文七《ぶんしち》元結《もっとい》」がある。身投げしかけていたところを助けられた文七が、新妻とともに元結《もとゆい》の店を開く(第4章参照)のが麴町六丁目あるいは貝坂とされる。これには、話芸との所縁が推測される作者東随舎《とうずいしゃ》による文化二年(一八〇五)刊の読本『聞書雨夜友《ききがきあまよのとも》』などによく似た話があることが指摘され、こうした先行話に、文七元結《もとゆい》と称する上質な元結の由来を結びつけた一話と考えられている。[13] しかし、その店の所在地は諸説あるなかでも、いずれも麴町ではなかった。それがなぜあえて麴町のこととされるようになったのか。

近世の麴町は山の手には珍しい町人地として、商家が立ちならぶ街であった。切絵図の類を確認すると、半蔵御門から四谷御門の先まで、路(現在の新宿通り)の両側に一丁目から十三丁目まで、隣接する麴町隼町、麴町山元町、麴町平河町とともに町人地とされてさまざまな店が立地。諸書に山の手の武家屋敷の需要を賄っていたとされる。[14]

さきの「文七元結」との関連も指摘される、[15] 人情噺「ちきり伊勢屋」の舞台がまさに麴町であった。麴町平河町の易者白井左近に余命いくばくもないことを告げられ、莫大な財産をばらまく質屋の伝次郎の店、伊勢屋も麴町五丁目とされる。伝次郎は金銭頒布の功徳によって運勢転じ、長命となって散財を悔いるも、かつて救った母子に乞われ、品川の質屋の入り婿となる、という筋で知られる。古いところでは、禽語楼小さん（一八四九～一八九八）による明治二六年（一八九三）の速記が残る。「麹町平河町に白井左近〈と〉云ふ先生」が登場、「番町御厩谷に其頃天下の御旗本で武芸も可《か》なり達して御在《おいで》被為《なさる》中川右馬之丞と云ふ二十七八の御侍」を手始めに、さまざまな人物の占いを次々と的中させる。この長い前段ののちに、「麹町五丁目」の「伊勢屋伝次郎」を占うことになる。[16]

この噺に指摘される原話のうち、噺本『寿々葉羅井《すすはらい》』（安永八年〈一七七九〉刊）所収「人相見」には所付けがないが、根岸鎮衛《やすもり》『耳嚢』（文化一一年〈一八一四〉成）巻一「相学奇談の事」においては、占われる方こそ「麹町に有徳なる町家」の手代ながら、占うのは浅草の相人とされていた。[17] これを落語「ちきり伊勢屋」は、麹町平河町の占い師白井左近が、同じく麹町の富商伊勢屋の旦那伝次郎の相を観るという設定に変更している。本話では、伝次郎の短命は先代の強欲な蓄財の因果によるものであろうとされるだけに、それを語る人物は近隣の住人でなければならない。そのうえで、その父の悪辣な商売が語られる。

右も左も前も後も構はず十両に成つたから五十両に為《し》やう、五十両に成つたから百両に為やう、百両に成つたから千両に為やうと己の身代を増殖《かため》る事に計《ばか》り凝《こつ》て、阿父《おとつ》さんが御身代を御拵へ被成《なすつ》た為に、知らず識らず家を潰された奴も有らうし寿命を蹙《ちゞ》めた奴も有らうし、多くの金子《かね》を倒された奴も有らう。多くの人が倒されて他目《わきめ》も触らず先へズン〳〵行《ゆか》れちまうと云ふ工合《ぐわい》で有るから自《おのづ》と人の怨恨《うらみ》が掛つて居《お》るから、天然自然の配剤を以て親の因果が子に報ふて来た。⑱

伝次郎の先代をよく知る近隣の相人という設定があるからこそ、このような当地の富豪の胴欲な商売ぶりを描きだすことができる。これを噺に織り込んだことによって、麴町という舞台設定そのものが生きてくる。

「死神」にも、また死に瀕した麴町三丁目の「金満家」が出てくる。ふとしたきっかけで死神と知り合ったことから病人の生死がわかるようになって名医としてふるまう男が、報酬に目がくらんで死神を裏切る、その舞台となる家である。この噺を得意としたことで知られる六代目三遊亭円生（一九〇〇～一九七九）は、「麴町三丁目で近江屋善兵衛という、これァもう江戸でも指折りの金満家⑲」、あるいは（「日本橋の越前屋四郎兵衛」のあとに）「麴町三丁目で伊勢屋伝右衛門⑳」、同じ噺家でも店名や名前が異なるのはその場その場で思い浮かんだ名を口にしていたからか。また三遊亭円窓（一九四〇～二〇二二）は（やはり「日本橋の越前屋」ののち）「麴町の万屋宇兵衛㉑」。店の名はさまざまながら、昭和のある時期から麴町が舞台として話された記録は少なくない。しかし、実は古くは麴町ではなかったようである。

もともと円朝がイタリアの話を翻案したものとして知られるこの噺を、円朝から口授を受けたという二代目三遊亭金馬（一八五八～一九二三）は、明治四四年（一九一一）の速記によれば「佐久間町の伊勢喜」のこととしていたという。㉒ 佐久間町は神田の町人地の、神田川に沿った北岸の一角である。また、これを「全快」あるいは「誉の幇間」として語った三遊亭円遊（一八五〇～一九〇七）は、「小石川の御前か番町の殿様の御病気を治しさへすりやァ」といって番町に向かうとか、あるいは「本所の殿様」のこととして話したという記録がある。㉓こちらはいずれも旗本の屋敷が並ぶような地名であることはまちがいない。戦後には初代柳家権太楼（一八九七～一九五五）がやはり武家地であった「赤坂の屋敷」の「殿様」のこととして話したというものもある。㉔

つまり、「死神」の場合、富裕な患者の家として口にされるのは、さまざまなところの商家であったり武家屋敷であったりした。そのような紆余曲折を経たうえで、昭和三〇～四〇年代までには多くの場合、麹町の商家という設定で高座にかけられることが多くなっていったということになろうか。

四　イメージのずれ――「麹町の殿様」

麹町はこのように多くは町人地として、商家、しかも裕福な商家の所在地として噺に登場する。ところが「厩火事《うまやかじ》」には「麹町のさる屋敷の殿様」が出てくる。秘蔵の焼き物を持った奥方が転んだときに先に焼き物の方を心配した、夫婦の反面教師として話に出される人物である。二代目三遊亭遊三（一八八一～一九六二）の大正四年（一九一五）の速記本で「麹町辺で、さる殿さまがあつた」「この殿さま御秘蔵のお菓子皿」云々と話したとあり、㉕この話を得手としたことで知られる八代目桂文楽（一八九二～一九七一）の型も「麹町にね、さるお邸の旦那さまがあったんだよ」として記録されている。㉖麹町は旗本屋敷が建ち並んだ番町と領域を接するだけに、その近隣に「屋敷の殿様」がいるのは不思議ではないが、麹町そのものは武家屋敷があるところではない。

この噺は古く、文化四年（一八〇七）の喜久亭寿暁の演目を記した『滑稽集』に「唐の火事」として見えるものと考えられているが、[27] 当時の噺の細部はわからない。殿様のいるはずのない麹町が、なぜ本話の舞台として定着したのであろうか。

この謎を解くヒントは、先に触れた三遊亭遊三による少し早い明治二三年（一八九〇）の「厩焼失」にあるのではないか。曰く、「麹町に去るお役人さまが有つたと思ひねエ」、[28] この段階で、奥方よりも骨董を大切にする非道な人物は、武家屋敷の殿ではなく、この時代に幅をきかせていたに違いない「お役人さま」であったのである。この前の箇所には「文部省だか、宮内省だか……勤めて居た役所」とある。たしかに麹町そのもの、というより麹町区の旧武家屋敷の一部は、明治になって官吏の邸宅に転用されたという。[29]「厩火事」の「殿様」の原型は武家屋敷の主人ではなく、明治に入れ替わって権勢を振るった官吏であり、「麹町」もまた、もとのこの町名の区域だけでなく幕吏の屋敷が並んだ旧山の手地域を広範に含んだ麹町区として想像されたのではなかったか。ここで「麹町」は江戸時代に山の手の消費需要を満たす商人の街であったという理解が継承されず、明治期に多くの政府機関とともに官吏が居住した「麹町区」としてイメージされるようになったのであろう。

艶笑噺《えんしょうばなし》として知られる「なめる」も、同様に重要な登場人物である「お嬢様」が「麹町へんのしかるべきお屋敷のお嬢さま」とされることがある。[30] 芝居小屋で彼女のお付きの女中に声をかけられた男が、遠くの本邸ではなく、向島の業平の寮にいるというその家に誘われるままについて行くと、彼女の身体にできた腫れ物を治すために舐めるよう依頼される。美しく高貴な「お嬢様」から要求され、扇情的ながら嫌悪感満点の行為をさせられる男の葛藤が笑いを誘う一話で、「お嬢様」の設定は重要であろう。

原話として古く『今昔物語集』巻二四第八話、近世の類話としては大坂落語の祖とされる露の五郎兵衛『軽口露がはなし』(元禄四年〈一六九一〉)巻二「疱瘡《ほうそう》の養生」が指摘される、[31]ある種の普遍性をもつ噺であるが、江戸東京を舞台に高座にかけられた記録としては明治三二年(一八九九)の春風亭小柳枝の「美人の乳」の題による口演が早いものと思われる。[32]このときは「本所辺のお屋敷のお嬢様」とされていた。本所は隅田川東岸にして、旗本の屋敷地も少なくなかった地域である。昭和に入っても、春風亭柳枝「なめる」が「本所辺のお屋敷のお嬢様」としていた記録がある。[33]同じ武家地でも神田の小川町として話されたこともあったようで、話者は明記されないものの「小川町の然るべき屋敷のお嬢さん」という本文も伝わる。[34]これも、かつては武家屋敷の娘御という設定で話されていたものが、「麴町」という地名から想起されるものが政府の高級官吏の屋敷町へと変化したことで、その令嬢が想像されるようになったのであろう。

おわりに

落語のなかでくり返し口にされる地名そのものは実在のものである。それだけに噺自体がいつつくられたのか、その起源を問うことはないままに、設定として江戸時代のこととして語られれば、そのまま登場人物たちの人間味あふれる姿とともにその当時のその地の景として想像される。しかし、それは必ずしも江戸時代の当地のありようと一致するものとは限らず（それは江戸の街が落語の登場人物のような人ばかりがあふれる空間ではなかったに違いないことと同様に）、噺家が生きた明治以後の東京のさまが反映されていること、またそのなかで地名がもたらす雰囲気や含意が巧みに活かされていたことが、「麴町」の例一つからもかいま見えたのではないか。さまざまな時代に形成されたそれぞれの土地に対するイメージを利用しながら話し継がれ、それがまたその地のイメージを再生、強化していく。

このように落語世界の江戸東京という街そのものに、そうしたある種の虚構性がある。しかし、そのことはほとんど意識されることなく、ここにかつてあり、また今日の基盤をなす都市の姿として現在も想像され続けている。

〔付記〕本稿をなすにあたり、延広真治先生に貴重なご助言を賜った。記して感謝する。

（1）法政大学江戸東京研究センター編『水都としての東京とヴェネツィア――過去の記憶と未来への展望』法政大学出版局、二〇二二年。
（2）小林ふみ子・中丸宣明編『好古趣味の歴史――江戸東京からたどる』文学通信、二〇二〇年。
（3）展示については江戸東京研究センターのページ（https://edotokyo.hosei.ac.jp/news/news/news-20211102162328

最終閲覧二〇二三年五月一八日）にアーカイブ化されるとともに、田中優子「新・江戸東京研究に向けて　HOSEIミュージアム　江戸東京研究センター特別展――〈人・場所・物語〉――“Intangible”なもので継承する江戸東京のアイデンティティ」（『HOSEIミュージアム紀要』第二号、二〇二二年）に詳細に報告されている。
（4）　Paul Waley, 1991, *Tokyo: City of Stories*, Weatherhill.
（5）　同右、序文vii頁。
（6）　ジョルダン・サンド著・池田真歩訳『東京ヴァナキュラー――モニュメントなき都市の歴史と記憶』新曜社、二〇二一年、原著はJordan Sand, 2013, *Tokyo Vernacular: Common Spaces, Local Histories, Found Objects*, University of CA press.
（7）　同右『東京ヴァナキュラー』序章五・六頁。
（8）　同右『東京ヴァナキュラー』「日本語版への前書き」iii頁。
（9）　たとえば川戸貞吉『落語大百科』（全五巻、冬青社、二〇〇〇〜二〇〇二年）の人物を分類した高橋啓之『落語登場人物辞典』（東京堂出版、二〇〇五年）巻頭の「人物分類項目表」は、全九頁からなり、町人身分の職種が約五頁強を占めるのに対し、武家や僧侶・医者・知識人で一頁ほどにとどまり、歴史上の人物や人間以外が約一頁、それ以外の二頁も町人らしき名前が多い。
（10）　北村一夫『落語地名事典』現代教養文庫、一九七八年。同じ著者がのちに『江戸芸能・落語地名辞典』（上・下、六興出版、一九八五年）を刊行しているが、落語に限っていることから前者を利用する。
（11）　栗田彰『落語地誌――江戸東京〈落語場所〉集成』青蛙房、二〇一〇年。
（12）　日本大学文理学部江戸・東京 web GIS（https://dep.chs.nihon-u.ac.jp/japanese_lang/nichigo-nichibun/web-edo-tokyo/ 最終閲覧二〇二三年一月一七日）。
（13）　先行類話については中込重明「第二章「文七元結」――身投げを止めるはなし」『落語の種あかし』岩波書店、二〇〇四年、七五〜八八頁。『円朝全集』第七巻「文七元結」（佐藤至子校訂、岩波書店、二〇一四年）は、実在した文七元結の店について、幕末の嘉永二年（一八四九）に刊行された『武江年表』が近世初期の地誌『紫の一本』ほか数書を引くことを指摘するが、いずれも麴町ではない(三六四頁)。
(14)　たとえば、延広真治「麴町」『江戸文学地名辞典』東京堂出版、一九七三年、一五七頁、鈴木理生「麴町」『江戸学事典』弘文堂、一九八四年、縮刷版一九九四年、一〇九頁。
(15)　前掲注13『落語の種あかし』「第二章「文七元結」」七六頁。
(16)　『百花園』九巻九六号〜一一巻一一三号(明治二六・二七年)。引用は『〈口演/速記〉明治大正落語集成』第二巻、講談社、一九八〇年、四四三・四六一頁。なお、『禽語楼小さん落語全集』(三芳屋書店、一九一五年、『三芳屋落語速記本復刻　明治大正落語名人選集1』日外アソシエーツ、二〇一八年影印、一〜一一八頁)にも速記が収められる。
(17)　原話は武藤禎夫『落語三百題——落語の戸籍調べ』(下、東京堂出版、一九六九年)六〜七頁指摘(同『定本落語三百題』岩波書店、二〇〇七年、二七七〜二七九頁指摘)。引用は長谷川強校注『耳嚢』上、岩波文庫、一九九一年、八五〜八六頁。
(18)　前掲注16『〈口演/速記〉明治大正落語集成』第二巻、四六二頁。
(19)　『円生全集』第七巻、青蛙房、一九六二年、一九二頁。
(20)　『新版円生古典落語1』集英社文庫、原版一九七九年、一九九二年、一三三・一三七頁。
(21)　落語協会編『古典落語八』角川文庫、一九七四年、三五・四一頁。
(22)　三遊亭金馬口演・今岡謙太郎校訂「名付け親(死神)」『円朝全集』別巻一、岩波書店、二〇一五年、二二九頁。底本は『文芸倶楽部』掲載の速記。のち『三遊亭金馬落語全集』所収話も同じく「佐久間町の伊勢喜」(『二代目三遊亭金馬落語全集』三芳屋書店、一九一八年、『三芳屋落語速記本復刻　明治大正落語名人選集7』日外アソシエーツ、二〇一八年所収、八六頁)。
(23)　『文芸倶楽部』三巻一二号、一八九七年、「全快」三遊亭円遊『〈口演/速記〉明治大正落語集成』第六巻、一五頁。『円遊新落語集』(磯部甲陽館、一九〇七年)「誉の幇間」には「小石川の殿様」(三六頁)。『落語五人全集』(丸亀書房、一九二五年)には「小石川の御前」「本所の殿様」(一三六頁)。

(24)『落語全集　花の巻』大日本雄弁会講談社、一九五四年、二九六頁。
(25)『二代目三遊亭遊三落語全集』三芳屋書店、一九一五年、『三芳屋落語速記本復刻　明治大正落語名人選集12』日外アソシエーツ、二〇一八年所収、二三四頁。
(26)飯島友治編『古典落語』第四巻、筑摩書房、一九六八年、一九一頁。
(27)延広真治「『滑稽集』――文化四年のネタ帳」『伝統と現代　第八巻　大衆芸能』学芸書林、一九六九年、二〇四頁指摘。
(28)『百花園』二巻二八号。引用は前掲注16『〈口演／速記〉明治大正落語集成』第一巻、三六〇頁。
(29)『日本歴史地名大系　東京都の地名』(平凡社、二〇〇二年)麹町項には「旧麹町区内には政府官庁・軍事施設、皇族・華族の邸宅が多いなかで、麹町区役所・麹町警察署などがあり、商業地・官員屋敷地としての性格が強い」と説明される。
(30)落語協会編『古典落語二』角川文庫、一九七四年、話者三遊亭円生、一二三頁。
(31)前掲注17『落語三百題』下、三三三〜三三四頁。
(32)「本所辺のお屋敷のお嬢様」『百花園』一二〇号。引用は前掲注16『〈口演／速記〉明治大正落語集成』第五巻、三四頁。
(33)『落語名作全集』第二期第五巻、普通社、一九六二年、二六五頁。
(34)『落語選集　艶笑人情篇』上、楽々社、一九五二年、三一四頁。なお、『落語全集』上(金園社、一九五四年)にも同じ挿絵のほぼ同テキストが収録され、「小川町の然るべき屋敷のお嬢さん」(三八二頁)とされている。

2 落語——文化人類学の視点から

山本真鳥

口頭伝承の中では、落語が昔話にもっとも近いものと考えられるが、似たような点も違う点もある。まずこれらについての考察を深めた上で、多くの落語の舞台でもある長屋＝江戸の共同体について考察を行う。

昔話・伝説・神話

現代の私たちの言語生活では、文字の役割が大層大きくて、たとえばすでに七〇歳を過ぎた筆者が、子どもの頃に親しんだ「一寸法師」も「花咲か爺」も絵本であったし、「ギリシャ神話」も『古事記』も文字を媒介として頭の中に入ってきた。しかし、昔話がもともとどうだったかというと、語りとして語られ、口伝えに伝えられていったものである。絵本の昔話は、そうした話を聞き書きしたものを、絵本としてさらに体裁を整えて出版されたものなのだ。伝説にしても神話にしても同様に、もともとは（歌や音曲も交えて）口伝えに伝えられた（あるいは演じられた）ものを書き起こすことを経て、現代に伝えられていることが多い。そうした口伝えの伝承は、日本では口碑(1)、口承伝統、口頭伝承(2)などと呼ばれており、一方英語では oral tradition と総称されている。

一昔前の文化人類学の教科書にはしばしば、口頭伝承のうち、一定の長さをもつ語りについて三つのタイプの議論が掲載されていた(3)。それぞれにステレオタイプといってもよい型があり、まったく異なる構造をもっている。この三つのタイプの口頭伝承は、昔話・伝説・神話である。日本では柳田国男（一八七五〜一九六二）が一九三五〜三六年に「昔話と伝説と神話(4)」の中でこの分類に言及しているが、教科書等で、後世の文化人類学者が説明したのは以下の通りである。

昔話はかつて、テレビ・ラジオなどがなかった時代、夜に囲炉裏端で年長者が子ども相手に語った話で、娯楽を目的としている。語られた内容、人物、場所、時代なども架空のものであり、フィクションであることを話者も聴者も理解している。物語を楽しむために、繰り返しや間の置き方など語り口の工夫がなされており、パターン化されている。例えば「桃太郎」「一寸法師」「猿蟹合戦」等がこのカテゴリーである。昔話と同様の口頭伝承は西洋にもあり 'folk tale' 'folklore' などと呼ばれている。また、文化人類学者の川田順造には彼のフィールドである西アフリカ・モシ族の昔話の語り場（ソアスガ(5)）に関する詳細な研究がある。

それに対して、伝説は、過去に起こったことの言説となり、伝える内容は聴者がどれだけ知っているかに応じて、かいつまんだ内容になることも、詳細になることもある。変わった形の樹木、岩などが、どうしてそうなったか、どうしてそこにあるか、という説明となる。かつて存在した英雄などの事跡や風景の理由などを伝えることが多い。話者・聴者ともに、その話が真実であるというある程度の了解がある。「将門塚」「夜泣き石」などである。むしろ、できごとの存在証明として、特徴ある形の塚や石が存在するというわけだ。

神話はこの世の万物の成り立ち・起源を説明するものである。この世がどのように生成されたか、人間はどうして死ぬようになったか、この有用植物を人間はどうやって入手したか、などである。『古事記』を思い起こしていただきたい。この世の成り立ち、世界観を説明する性格をもつ。

これら三形態はあくまでも理念型である。昔話と伝説に似たような話があり、昔話にも地名や英雄名などが加わると、俄然、伝説に近いものとなる。例えば桃太郎が鬼退治に行ったところは、多くのローカルなヴァージョンの中では架空の鬼ヶ島とされているが、香川県の高松市にある女木島《めぎ》はこの鬼ヶ島のことであるとされている。ただし、昔話が娯楽のために形式を踏んだ話になっているのに対して、伝説は情報伝達を目的として話の形式は二の次であるところが大きな違いである。

娯楽・フィクションとしての昔話

もう少し、昔話について説明をしよう。昔話は娯楽、すなわち楽しみのために語り、楽しみのために聴く、ということが肝である。民俗学では、「囲炉裏端」が重要な構成要素となり、年長者が夜長に子どもたちにおもしろいお話を語って聴かせる、というのを原型と考えているようである。(6) 子どもたちなど数人を対象に語って聴かせる話は日本特有ではなく、世界各地に存在している。

昔話には決まり文句がある。多くは「むかしむかし」ないしは「むかしむかし、あるところに」で始まる。英語の場合には、'Once upon a time' というのが決まり文句である。これもいつか特定しない過去にあった話として始まる。登場人物は、おじいさん、おばあさんなど、実名のない人である。桃太郎、という名前も桃から生まれたから「桃」がつき、「太郎」は長男という意味で、特に特定の人物を示しているわけではない。一寸法師もその身体的特徴を示しているだけで、特定の名前とはいえない。「むかしむかし」「あるところに」「××がいました」として始まるのは、架空、すなわちフィクションであることを明白に示している。

昔話には、反復が多いといわれている。桃太郎はイヌに出会うが、イヌは「桃太郎さん、桃太郎さん、お腰につけたきびだんご、一つ私にくださいな」というと桃太郎は「やりましょうやりましょう、これから鬼の征伐に、ついて行くならやりましょう」といったやりとりがあってイヌは桃太郎の家来になる。またてくてく歩いて行くと、次にサルに出会う。ここでまた同じ問答が繰り返され、サルも家来になる。さらにキジがここに加わる。家来になる動物との問答は、ここで筆者が行ったような省略は許されず、同じ文言が繰り返される。

伝説とは違って、昔話は語り口を楽しむものであるから、どのようにしてきびだんごが乞われ、どのようにして与えられたかを情報として得るのではなく、動物の口上、桃太郎の受け答えを楽しむものとなっているのである。

反復の中には、心根のやさしい爺婆と欲張りな爺婆が対照として登場するものも多い。「花咲か爺」では、無欲の爺が傷ついた仔イヌを助けかわいがっていると、仔イヌが「ここほれワンワン」と鳴く。そこを掘ると金銀財宝が出る。それを聞いた隣の欲張り爺が仔イヌを借りていき、無理矢理いうことをきかせようとするが、がらくたやゴミが出る。欲張り爺は怒って仔イヌを殺してしまう。その後も対照的な二人の爺の行動が対照的に詳細に語られ、欲張り爺の悲惨な運命で終わる。「舌切り雀」の場合、欲張りは婆で、爺はスズメにやさしくしたとして、やはり対照的な行動とその結末が語られるのである。

昔話では、そのような悪役の爺や婆が失敗したり、あたふたしたりする様子などは、笑いの要素として重要である。失敗して両ほおにコブがついてしまった爺の泣き顔を想像するだけで楽しい。

昔話の始まり方に対して、終わり方は、地方によってさまざまであるが、「めでたし、めでたし」（各地）、「とっぴんからりのぷぅ」（秋田県）、「どんど晴れ」（遠野）、「しゃみしゃっきり」（飛驒）などがある。

以上のように、昔話にはある程度形式が備わっている。その話がフィクションであることを示すために、場所、時代、名前が特定できないものとなっている。それに加えて、さまざまな要素を形式にあてはめて聴き手が楽しめるようなつくりとなっている。しかし昔話を楽しめるかどうかは、語り手の力量にもよる。昔話の伝承は、文字を媒介とせず、誰かが話しているのを何度も聞いて覚えていくという方法をとるので、口頭伝承の形が守られてきた。

娯楽・フィクションとしての落語

さて、それでは落語はどうだろう。(7) 落語の初期の姿を、戦国時代のお伽衆《とぎしゅう》までたどるならば、即興で大名を退屈させないで話をつなぐ話上手、といったものまで含むことができるが、ここはいわゆる現在の落語の形式を備えた落とし噺、まくらがあり、落ち（さげ）がある、という話について考察を深めたい。人情噺、怪談噺など、その形式にすっぽりはまるとは限らないものも含めて、落語家が演じるものが落語である。

落語は、落語家によって異同はあるものの、おおよそ伝承され、形式をもって語られるコアの部分に対し、導入として落語家が自由に語るのがまくらである。落語家の体験に基づくものであったり、導入としての小話であったり、語られる中身があまり使われなくなったものや仕組みだったりしたら、まくらでその説明がなされたりする。落語家によっては、まくらには多分にアドリブを混ぜる人もいる。同じ演目でも、落語家が違えばまくらも違う。また、アドリブが多分に多い落語家については、演目が一緒でも毎回同じまくらとは限らない。動画サイトで少々チェックしてみると、同じ「目黒のさんま」について、三代目三遊亭金馬（一八九四～一九六四）のまくらでは、上の者と下の者は互いの暮らしについて知らない、というところから、庶民の常識を知らない大名をやや揶揄するような話しぶりから始まる。一〇代目金原亭馬生（一九二八～一九八二）のまくらでは、庶民が好きなものを食べて暮らしているのに対して、大名の不自由な食生活の話から本題に入っていく。大名がさんまを食べられない不自由さを哀れむような結末を暗示させるのである。「藪入り」の同じ金馬のまくらは、年代が古いせいか、藪入りがどういうものかという説明はなく、かわいい子どもを奉公に出す、ということで、子どもがかわいいという親の気持ちを親バカとして示す話となっている。それに対して一〇代目柳家小三治(一九三九〜二〇二一)は、明治時代の学制の説明をして、奉公に入る子どもの年齢がわかるような説明——かつてはいかに幼い子が奉公に出たか——から入っていく。一方、「へっつい幽霊」のまくらで、三代目古今亭志ん朝(一九三八〜二〇〇一)は、最近古道具を買うのは、骨董趣味が普通だが、かつては新しいものを買うより古道具が安かったので使うために買っていた、という説明を行う。それに対して、父の五代目古今亭志ん生(一八九〇〜一九七三)は、怪談趣味や、幽霊見たさの人々の小話から始めて——ばくちの話から始めるヴァージョンもある——古道具屋の話に入っていくのである。

一方、本文にあたる演目の部分は、会話体で話が進んでいくのが普通であり、落語家個人個人で若干の変更を行っていたりもするが、あまり大きな異同はない。ナレーションの如き地の文が入るものもあるが、おおむね会話体の受け答えでリズミカルに話は進んでいく。何人かの会話を一人でこなし、絶妙な間をとって話すのが落語家の力量である。

落語の登場人物には、人情噺、怪談噺では、特定の名前が出ていることもある。歌舞伎や浄瑠璃にも実話に取材した演目があり、ニュースメディアの不十分だった時代に歌舞伎等の芝居や落語も一部にはそうした役割を果たしていたのだろう。しかし、いわゆる落とし噺に出てくる登場人物の名前はあって無きが如しである。熊さん、八つぁん、与太郎、浪人、大家、ご隠居等々である。ところは明らかにされず、そう昔ではないが、すでに起こったこととして話が進んでいく。役回りもおおよそ決まっている(後述)。具体的な人物名や地名、時が明かされず、誰も具体的な情報として関心をもたない。フィクションであることは話し手・聴き手共に了解済みである。

演目は、いわゆる古典落語にあっては、多くの落語家によって共有されているものの、それぞれの落語家によって演じ方におおいに個性がある。川田は代表的な二人の落語家のそれぞれの速記録などを参照して、興味深い分析を行っている。「「かたる」こと、「はなす」ことの拮抗関係を考える上で、〔八代目桂〕文楽と対照的に思い出されるのが五代目古今亭志ん生だ。自分で磨き上げた「かたり」を、くりかえし「かたって」いった文楽に対して、志ん生は一回ごとのパフォーマンスによって、「かたり」を壊そうとしているようにみえた(8)」。桂文楽(一八九二～一九七一)はまくらも定型的であったのに対して、志ん生のまくらにもいくつかのパターンはあるものの、アドリブ的要素が大きいようである。川田は、落語家の「はなす」という要素を重視するものの、それが過ぎると「漫談師やおしゃべりタレントとどこが違うのかわからない存在」となってしまう、とも述べている。そしてそれでは口頭伝承ではない。「かたる」ことと「はなす」ことの絶妙なバランスの上に落語がある、ということだろうか。

演目において、面白さを出すために、ここでも笑いを醸し出す反復が用いられる。落語に反復が使われるのは、ご隠居さんや賢い妻が教えてくれた挨拶や表現の中身をよく理解していないために、微妙にずれて主人公の無知が露呈してしまうところである。「子ほめ」「牛ほめ」などがそれにあたる。

よく知られた「寿限無」は、和尚に教えてもらったいくつものめでたい名前すべてを一つの名としてつけてしまったために、その子を呼んだり、その子に言及したりするたびに長い長い名前を繰り返す、というものである。名前が始まったとたんに笑いが始まる高座の雰囲気が伝わってくる。繰り返しが何度も出てくるが、そこが笑いの種なのである。

落語の最後というか、締めくくりは「落ち」ないしは「さげ」である。これがあるから落語という。落ちにはいろいろなパターンがある。駄洒落あり、ばかばかしいものあり、まくらと連動しているものもある。「長屋の花見」では、お茶やたくあん、大根の薄切りをごちそうに見立てて花見をするのだが、最後に茶柱が立っているのを「酒柱が立っている」という落ちが多い。「粗忽《そこつ》長屋」では、行き倒れの死体を自分だと勘違いした粗忽者が、死体を抱き上げて、「死んでんのは俺だが、死んだ俺を抱いているのは誰なんだ」という、大層哲学的な疑問を抱く落ちとなっている。人情話に分類される「芝浜」では、財布を拾ったことを夢だったとごまかして、酒癖の悪い魚行商の夫に酒断ちをさせてまじめに働かせた妻が、三年後に、かつて財布を届け出た奉行所から、落とし主が見つからず財布が戻ってきたことを夫に告げ、もうお酒を飲んでもいいんだよ、と勧めるが、夫は躊躇する。「また夢になるといけねえ」というのが落ちである。

もちろん、昔話とそっくり同じではないが、フィクションであり、噺を楽しむという意味では同じで、そのために落語にも形式があり、決まりごとがあるということについては昔話と多くの類似点をもつことがわかる。

シンローグの場としての落語

さて、前述の川田の西アフリカ・モシ族の昔話の研究は、日本の昔話のかつての姿を知る上で大変興味深い。モシ族は、夜になるとあちこちで月明かり、星明かりの下でソアスガ（夜のまどい）という場が発生する。これは年長者から子どもまで含んだ団らんの場で、おしゃべりをしたり、「おはなし、なぞなぞ、しりとり、早口ことば、歌物語」を語ったり、聞いたり、交わしたり、解いたり、という形で楽しむ場である。川田はそこでの語りやなぞなぞを採取して分析するに飽き足らず『サバンナの音の世界』[9]というレコードを出している。その中に収録されているソアスガの録音には、老年・壮年から少年少女までの多彩な話し手が登場し、語ったり歌ったりする。節をつけたりする声に混じって、笑い声や合いの手が聞こえ、楽器の音もする。話に詰まったときには手助けの声も入る。川田はこの昔話の語りの場の生き生きした表情をとらえ、人々が聞くばかりでなく語る（演じる）ことを楽しみとしていると述べる。モシ語をまったく知らない私たちが聞いても、その場の楽しい雰囲気には飲み込まれるような気すらする。

このような場を川田はシンローグ（話の共同体）と名づけた。独白がモノローグで、対話がダイアローグであるのに対して、シンローグは三人以上の人々の集まりの中で話す、語る、という場面を指している。「こうしたお話の「座」で、ほとんどの話は、すでに聴き手、つまり座にいる人たちによっても知られているもので、潜在的な話し手でもある聴き手は、そのよく知られた話が、ある話し手によって、その話し手の個性と「芸」を通して話され、自分たちも参加して、シンローグとしての声になって実現されるのをたのしむのである」[10]。ソアスガは昔話を語る練習の場でもあり、子どもも勇気をもって人前で語り、みんなで笑ったり褒めてあげたりする。少年・少女は年長者の話に耳を傾け、レパートリーを増やすことを考える。語り口の工夫を試し、人々の反応を見て、自分の演目を磨いていくのである。

日本民俗学では、昔話のキーワードとして、「囲炉裏」を強調してきた。話の共同体としての囲炉裏端は、かくもありなん、というモシ族のソアスガであるが、日本では実際に、すでにそうしたものは消えて久しいのが現実である。昔話研究家の仕事は、昭和の初期から消えゆく昔話の伝承者を探し出し、対面で話を語ってもらい、音源を収録したり、文字資料を書き起こしたりするという作業であり、そこに多くのエネルギーが注がれてきた。一方、近年になって、伝承を観光開発や社会教育の場で役立てる努力が進められている。そのような場面の一部は動画サイトなどで見ることはできる。伝承者＝語り手（多くは年長の女性）が方言を交えて単独で語るものもあるが、いかにも囲炉裏端を囲んで聴き手が集まっているところが映像で紹介されているものもある。ただし残念なのは、ソアスガのような活気はまったくなく、聴き手は一方的に聴き耳をたてるだけで、語り手と聴き手の相互作用はほとんど見ることができない。いわば語り手のモノローグであって、話の共同体が成立しているようには見えないのである。それもそのはず、そのような観光施設や社会教育施設の訪問者は、囲炉裏端の聴き手として参加することに慣れていないし、聴く方も昔話を覚えて自分で語る伝承者になることなど、みじんも思っていないからである。

一方で、寄席について、川田はシンローグであることを否定する。徳川時代には大都会でもって、聴き手は料金を支払うことで、職業化された語り手によって落語が語られていたこと、聴き手の反応はあるものの、語り手の一方的な独話（モノローグ）であることをあげている。しかし、そのすぐ後で、古典落語については、「先行したさまざまな語りの取捨選択と新しい工夫や付け加えによって生まれている」ので、「通時的に見たシンローグの一形態と見ることができるかもしれない[11]」と留保している。筆者は、現代のつくられた囲炉裏端に比べたら、寄席はもっとずっとシンローグに近いものではないかと考える。たとえ観客は茶々を入れたり、疑問を付したり、相づちを打ったりしなくても、演題についてすでに粗筋を知っている人が多数いて、語り手の一挙手一投足を興味津々で眺め、聴き耳をたてているのである。常連もいて、評論家もいる。袖には、弟子も同業者もいるかもしれない。むしろ、振りの客は少ないのではあるまいか。また、かつての寄席では、客がお題を出して落語家が即興で語るという時代もあったらしい。これはメインではないが現代でも行われている。そうした聴き手の反応は必ず語り手に作用を及ぼし、さらなる創意工夫へと向かわせるはずである。ソアスガとは少々性格が異なるかもしれないが、緊密な相互作用が存在するという意味では寄席はシンローグ、すなわち話の共同体だと考えてよいのではあるまいか。

落語に描かれる共同体

さて、本書の中心命題である長屋という共同体について考察しておこう。

長屋が出てくる落語の登場人物は、先に示した通り、熊さん、八つぁん、与太郎、浪人、大家、ご隠居等々であるが、家族はどのように描かれているだろうか。熊さん、八つぁんはいずれも単身者で、職人だったり行商を営んでいる人々である。仕事をサボって、ばくちや酒に身を崩していることも、それから立ち直ることもある。借金や質入れに悩まされることも家賃の滞納も日常のできごとだ。多くはその日暮らしであった。女房のいる者(おおむね女房の方が賢い)もあり、子どもが一人くらい出てくることもあるけれども、親子三人の核家族である。子どもが二人以上出ることはほぼない。浪人者は単身者の場合も、娘と共に暮らしていることもある。頭の弱い与太郎は老母や祖母と住んでいることもあるが、母子二人、あるいは、祖母孫二人で肩を寄せ合ってくらしている。

このように、長屋の住人は単身者ないしは、母子、父子、祖母孫といった二〜三人の少人数家族である。長屋話の中では、実家の話が出ることはほとんどなく、長屋の住居の外の親族関係に言及することはあまりない。「道具屋」は、おじが甥の与太郎の行く末を心配して、道具屋をやらせてみる、という話である。おじ—甥というのは、落語の中の人間関係としてパターン化しているが、与太郎とおじとは長屋で共に暮らしているわけではない。

人類学・民俗学のひとつの研究領域は、親族組織、親族システムが社会の中で果たす役割を調べることである。明らかにごく最近に至るまで、村落組織の中では本家—分家といった親族関係のネットワークが人々の暮らしの中に占める割合は大きかった。また、親族関係以外にも村落組織の中での結《ゆい》といった協同労働の仕組み、あぜ道や灌漑システムの維持など、村落共同体に関わる営みは、村の暮らしを維持する重要項目であった。煩わしい一方、それらの社会的仕組みによって人々は守られていたのである。

江戸時代に始まる都市生活は、それ以前の歴史から見ても、地理的な人々の住まい方から見ても、それまでとずいぶん異なるものであったはずだ。日本国内の当時の都市、江戸東京、大阪にしか存在しない暮らしぶりであった。単身者、ないしは、二〜三人の家族(らしき者)が身を寄せ合って暮らす。村落共同体のネットワークから外れた人たちが、長屋で助け合いながら暮らす。熊さん・八つぁんのキョウダイ関係、大家さんは親代わり、うすのろの与太郎は、世話やきの人にとっての困った甥である。落語に描かれる長屋の風景は、まさに擬似的な親族関係で構成された共同体である。実際の長屋が共同体的機能をもち、そのような存在となっていたかどうかは、ここでは問題ではない。長屋がそうしたものとして落語の中で描かれている、ということが遥かに重要なのだ。そしてそのような長屋はある意味で落語愛好家たちのユートピアであった。

落語の時代設定は江戸時代のものが多いが、実際に古典落語が多く形成されたのは明治期ということである。とりわけ明治三八年(一九〇五)に落語研究会というものができ、落語の速記が行われ、その後、「古典化」が進行した。当時は寄席が多くつくられ、落語界は活況を呈した。話の共同体たる寄席、シンローグの中で、長屋話は揉まれ磨かれていったのであるが、では寄席に来る観客はどのような階層の人々であっただろう。木戸銭を払ってくるのであるから、その日暮らしの人々が多数来場していたとは考えにくく、もう少し暮らしに余裕のある人々であったのではなかろうか。だとすれば、そこに描かれているその日暮らしの長屋の人々の群像は、あるがままの長屋暮らしの活写というよりは、そこに描かれている親密さや人情、モラルといった価値観こそがテーマだったのかもしれない。「孝行糖」にみる、うすのろでもみんなで面倒を見て、一人前にやっていけるようにしてやる共同体の力、「文七元結」にみる、貧乏していながら虎の子の金子を困った人にあげてしまう気っ風のよさ、「井戸の茶碗」にみる、買った仏像の中にあった小判を売り主に返そうという買い手に、すでに売ったものだからと断る売り主の律儀さなど。

むしろ長屋暮らしの貧乏は、話の中に余計なものを持ち込まないための工夫であるといえるかもしれない。暮らしはシンプルで、人々はものにとらわれないから自由そのものである。そして貧乏は、話をおもしろくして笑いを引き出すには絶好のセッティングとなる。蜘蛛が宙返りしている米びつ、一文ごまかすための蕎麦屋への質問、柏になって（一枚の布団を二つ折りにして）寝ているので、人に分ける布団はない暮らし。

むすび

筆者の思考は次第に、長屋の共同体のありのままの暮らしの姿から抽象的なところへと及んでいく。実際に長屋の暮らしがどのようなものだったのかを知りたいという筆者の希求はなかなか実現が難しい。というのは長屋暮らしについて書かれたものの大半は、落語を参照しつつ長屋暮らしを想像＝創造しているからである。そこはトートロジーになっている。しかし、古典落語の成立が明治期であるとしたら、そこに描かれた江戸の長屋の話は、むしろ明治期の長屋の話である、ということになるのだろうか。それも考えてみたが、当時その日暮らしの東京の貧しい人々が寄席に通っていた、という確証はない。二〇世紀になる頃の寄席について「来会者はいずれも中流以上の人にて至極静寂に聴き居たるは嬉しく」[12]とある。とするならば、どの時代のものにしても実態としての長屋が古典落語に活写されている、という保証はない。

シンローグ（話の共同体）の中で育った長屋話は、シンローグなので各人が意識的につくったものではないのだが、語り部たちのメッセージは、長屋暮らしの実態ではなく、むしろそこに描かれる人情、人々のモラル、共同体的なしがらみがなくとも暮らしていけるという自信といったものなのかもしれない、と筆者は今では考えている。そうであれば、明治期に東京に集まってきたすべての階層の人々に受け入れられた理由も、現代のわれわれが聴きたいと思う理由もわかるというものだ。

（1） 柳田国男の用語。口伝えの碑文（monument）ととらえる。『定本柳田國男集』第六巻、筑摩書房、一九六三年。
（2） この訳語を最初に用いるようになった川田順造は、非文字のコミュニケーションすべてにこの概念を拡大し、演劇、音楽、舞踊などにも研究の対象を広げた。川田順造『人類学者の落語論』青土社、二〇二〇年。

（3）例えば、蒲生正男・山田隆治・村武精一編『文化人類学を学ぶ』有斐閣選書、一九七九年、一〇〇〜一〇一頁。
（4）「昔話覚書」として『昔話研究』に掲載されたが、同タイトルにて『定本柳田國男集』第六巻に収録。しかし柳田は信仰の衰退によって昔話が成立したと考えるので、神話についての言及は限定的である。柳田の図式では代わりに世間話（噂話）が大きな位置を占める。
（5）川田順造『口頭伝承論』河出書房新社、一九九二年、五三頁。ソアスガは昔話の他になぞなぞ等のことば遊びも含んでいる。
（6）赤田光男・香月洋一郎・小松和彦・野本寛一・福田アジオ編『芸術と娯楽の民俗』講座日本の民俗学八、雄山閣、一九九九年。
（7）堀井憲一郎『落語論』講談社現代新書、二〇〇九年。落語と昔話の類似点の指摘は参考とさせていただいた。
（8）前掲注5、二五二頁。
（9）川田順造『サバンナの音の世界』東芝ＥＭＩ、一九八二年。
（10）前掲注5、八四頁。
（11）前掲注5、二三六頁。
（12）山本進『図説　落語の歴史』河出書房新社、二〇〇六年、五六頁。明治三〇年の東京日日新聞の記事を引用。

II

落語がつくる地理感覚

3　動く江戸東京落語
——「黄金餅」から出発して

川添　裕

落語における「場所のあんばい」

落語にはさまざまな場所や地名が出てくる。

噺家の軽妙な舌先に掛かると、場合によっては蝦夷《えぞ》（北海道）をはじめ、唐土《もろこし》（中国）、イギリス、フランス、アメリカなどといった、はるか彼方の地までがあらわれる。落語の描写は、じつは驚くほど自在であり、原理的には噺家の舌先一つで、どんな場所でも、どんな人物でも、どんな出来事でも描き出すことが可能である。これは落語という芸能の本質である。

ところが、そうであるにもかかわらず、もう一面での真実としては、江戸東京落語なら江戸東京の地名が、上方落語なら大坂（大阪）や京（京都）の地名が出てくる噺が、圧倒的に多いのである[1]。つまり、言及可能な各地が満遍なく出てくるわけではなくて、あきらかな偏りがあり、そうした「場所のあんばい（塩梅・按排）」こそが、江戸東京らしさ、上方らしさや、落語らしさの重要な部分を形づくっているのである。

お馴染み中のお馴染みの場所である「長屋」を含めて、落語好きはそうした場所の設定をもはや当たり前と感じてしまっているものの、これら場所や地名のありかたは、意識して考えるべき大事な問題である。形式上は落語というフィクションにおける仮想の空間とはいいながら、その具体的なありようは、落語が形成されてきた歴史や時代環境の積み重ねの然《しか》らしめるところであり、現実の都市空間をどこか自然に反映し、過去の人びとが共有してきた都市像や土地の記憶、空間の記憶について、しばしば雄弁に語ってくれるのである。

こうした落語の場所や地名に関連して、かつて名古屋の大須演芸場で定期的に独演会をやっていた古今亭志ん朝(一九三八〜二〇〇一)が、落語「黄金餅《こがねもち》」の冒頭で次のような前置きをしていたのは興味深いところである。「こちらに参りまして、大体このあたくしの噺すことたァ、まあご存じの通り、この江戸が舞台になっておりますんでね。まあお馴染みでないこの町名やなんかが出てくる。また西のかたが来て噺をするってェと西のほうの町名で、お馴染みのないところがあるかもわかりませんが、両方に付き合わなきゃなんないんで、名古屋のかたは大変だなあと思っております」(一九九二年一一月三日の口演より、CDブック『古今亭志ん朝　大須演芸場』河出書房新社、二〇一二年に収録)。これは御当所名古屋で演じる呼吸を呑み込んだ、志ん朝らしく丁寧な物言いであり、落語の世界と地名との密接なつながりを示している。

「黄金餅」の場所性、トポス

志ん朝が演じた「黄金餅」という落語には、たしかにいくつもの地名が興味深いかたちで出てくる。下谷《したや》山崎町に住む貧しい坊主の西念《さいねん》は、けちけちと貯めたお金に気が残るあまりそれをあんころ餅に詰め、大量に呑み込んで死んでしまう。様子をひそかにみていたのが、餅を買ってやった隣人の金山《きんざん》寺《じ》味噌売りの金兵衛で、何とかしてその金を手に入れたいと思う。そして西念の遺骸は早桶代わりの菜漬けの樽で担がれて、下谷山崎町の貧乏長屋から麻布《あざぶ》絶口釜無村《ぜっこうかまなしむら》の木蓮寺へと特徴的な「道中付け」（ルートに当たる一連の地名の言い立て、地名尽くし）のもと、金兵衛らによって運ばれていくのである。志ん朝の舌に地名がのせられると、単純に聴いているだけでも小気味好い部分だが、江戸東京の土地に馴染みがあれば、前後の部分とあわせ、地名の総体が臨場感をもっていっそう粒立ってくる。この作品はその意味で、具体的な都市空間、すなわち江戸東京の都市空間とやはり密接に結びついているのである。

以下、少していねいに、その場所性、トポスについてみていくことにしよう。

まず、西念が住む下谷山崎町とは、現在の上野駅の東から東北にかけてのエリアで、一丁目と二丁目があって、およそ一丁目は今日の東上野四丁目、二丁目は北上野一丁目にそれぞれ相当する。下谷山崎町は明治二年（一八六九）に下谷万年町《まんねんちょう》の名に改称され、のちさらに現行の町名へと変わっており、明治三二年刊の横山源之助『日本之下層社会』では、東京の「三貧窟」の一として下谷万年町が詳しくふれられている。[2] ちなみにあとの二つは、芝新網《しばしんあみ》（後述）と四谷鮫河橋である。

志ん朝の噺のなかでも、昔の「山崎町というところは大変な、この貧乏長屋で、江戸でも指折りの貧乏長屋」としていて、そこに住む西念は、「お坊さんと申しましても、毎日ほうぼう、この拝んじゃあ貰って歩いているお坊さんでございます」と紹介される。ここにいう「お坊さん」は願人坊主《がんにんぼうず》のことであり、下谷山崎町（とくに二丁目）は江戸時代中期から願人坊主が多く住む場所として知られていた(3)。願人坊主とは、坊主の姿をした大道の雑芸能者、町々の門口に立つ門付《かどづけ》芸人で、市中を唄い歩き、踊り歩き、信心にかかわるお唱え言などをして人びとに銭を乞うた。願人踊のほかに、阿呆陀羅《あほだら》経《きょう》やちょぼくれといった話芸系の雑芸を演じることもあった。

西念の遺骸が担がれていく「道中付け」は夜、運ぶ設定であるが、市中を歩きまわっていた願人坊主は、死んでなお町々を行きめぐるという印象を醸し出している。ちなみに、金山寺味噌（細かく刻んだ茄子、瓜などを入れ熟成させた嘗め味噌）を売る金兵衛も、町々を歩きまわる物売りであり、この落語には全体に路上性、大道性が交響している。下谷山崎町を出発したのちは、上野山下から上野広小路へ出て、御成街道を筋違御門《すじかいごもん》へ向かう。大通りに入ってそのまま神田須田町、鍛冶町、本町、室町、日本橋、京橋、尾張町、新橋と南下し、そこから右（西）へ切れて進み、愛宕《あたご》下から天徳寺を抜けて神谷町、飯倉片町と坂を上る。そして今度は麻布の永坂を下りて麻布十番へと進んでいく（地名は適宜省略していて、実際にはもっと多くの地名があげられる）。ここから大黒坂、一本松坂と進んださらに先が目的地の麻布絶口釜無村の木蓮寺で、架空の寺号であるが、麻布には絶江坂という地名が実際にあって（南麻布二丁目と三丁目のあいだ）、それはすぐ近くにある曹渓寺《そうけいじ》の開山の和尚の名にちなんだものである。

ただ、繰り返しいっておくが、落語の総体は基本的にはフィクションであり、この後の「黄金餅」の展開は、桐ヶ谷の焼き場で遺骸からお金を取り出した金山寺味噌売りの金兵衛が、その金を元手に目黒で餅屋をはじめ江戸名物黄金餅として繁盛したという、「金」尽くしを貫いていくかなりトンデモな筋書きである[4]。先ほどふれた木蓮寺もぼろぼろの貧乏寺の設定で、酔いどれの和尚があげるお経はでたらめで無茶苦茶なものであり、願人坊主に呼応するかのごとく阿呆陀羅経や俗曲めいたまさしく話芸となっているのである。なお、黄金餅とは通常、粟餅の美称であることを付け加えておく。

「黄金餅」の系譜をさかのぼる

ここまで現行のやりかたを基本に、作品からみえてくる場所性、トポスを中心に記述してきたが、この「黄金餅」には、今日行われるものより古型もしくは祖型に近いと思われる三遊亭円朝（一八三九～一九〇〇）の作品が知られている。明治三〇年（一八九七）に記録され残っているものである。現行のやりかたと何がちがい、何が同じなのか、その要点をみていこう。

円朝の「黄金餅」では、江戸の町々へ托鉢に出て暮らす坊主の名は西念ではなく源八であり、下谷山崎町ではなく芝将監殿橋《しばしょうげんどのばし》（芝二丁目の将監橋）の脇の「極貧《ごくびんぼふ》の者ばかりが住《すん》で居《を》る裏家」の住人という設定である[5]。貯めたお金を大福餅三〇ばかりに詰め、呑み込んで死んだ源八の遺骸は、麻布絶口釜無村の木蓮寺ではなく、同じ麻布でも麻布三軒家の貧窮山難渋寺《ひんきゅうざんなんじゅうじ》へ運ばれる。麻布三軒家町は一九六六年まで実際にあった町名で、この設定は西麻布三丁目辺の旧俗称「裏町」「裏三軒家町」を想定したものかと推測する。山号寺号はもちろん架空である。お経はまともにあげているが、戒名は「安忘《あんもう》養空信士《ようくうしんじ》」とふざけている。そしてこの後、焼き場で金を取り出した隣人の金山寺屋の金兵衛は、目黒ではなく芝金杉橋《しばかなすぎばし》の際《きわ》で餅屋を開いている。芝金杉橋は芝将監殿橋の東隣りの橋で、そのすぐ東北東がかつての芝新網(大まかには浜松町二丁目の南側部分に相当)であった。

つまり円朝版では、「三貧窟」のもう一つの場所として知られた芝新網に隣接し、重なり合う場所が中心的なトポスとなっているのである。噺の冒頭でもまず、「ズツと昔時《むかし》芝の金杉橋の際《きは》へ黄金餅と云ふ餅屋が出来まして一頻《ひとしきり》大層流行《はやつ》たものださふでござります」といって、この一席ははじまっている。ちなみに、先の『日本之下層社会』では芝新網について、「かつぽれ、ちよぼくれ、大道軽業、辻三味線等の芸人多きは特色なるべし」と説明を加えており、つまりはここも願人坊主あるいはそれと相似た者たちがかつては集住していた場所なのであった。

なお、円朝の「黄金餅」には遺骸を運ぶ「道中付け」はないが、麻布三軒家の寺へ運ぶと聞いた長屋の差配人(大家)は「何《ど》うも大変に遠いネ」といっており、下谷山崎町から運ぶよりはむろん近距離なものの、やはり離れた場所へ移動していくという距離感、動きが意識されている。また、大括りに場所をとらえれば、「願人坊主が住んでいた貧乏長屋」から「麻布の貧乏寺」へ隣人の金山寺屋の金兵衛らが遺骸を運ぶという設定は共通である。

さて、この項の最後には、さらに歴史をさかのぼるかたちでの系譜を付け加えておきたい。

じつは「黄金餅」の元ネタの一である可能性が従来から指摘されてきた話が、松崎観瀾《かんらん》『窓のすさみ』〈享保九年〈一七二四〉自序〉という、儒学者による比較的知られた随筆中にみえるのである。これも芝辺に住んでいた洞家《とうけ》〈曹洞宗〉の隠遁した僧の話であり、貯めたお金に気が残るあまりそれを餅に詰めて四八ばかりも喰らい、そのまま果てたというものである。「此金を跡に残さん事の口惜くて、悉く餅にうめて腹中に入れおかんと思ひけるにこそ。かゝる執心深き者も有りける事にこそ」と、強調の「こそ」を連発して当該の文章は結ばれている。(6)

悟りの境地からは程遠い老僧の滑稽な最期というべきだが、しかしながら一面できわめて人間味に満ちた、いかにも落語のネタになりそうなエピソードと筆者には思えてならない。ただここには、現行落語の後半部にみえるいくつかの事柄、すなわち遺骸を運ぶ「道中付け」のほか、麻布の貧乏寺でのでたらめな読経、隣人金兵衛によるお金の取り出しと黄金餅屋の開店繁盛等はなく、逆にそのあたりが、落語的な展開をみせたということができるのだと思う。

「黄金餅」を演じた噺家たち

落語「黄金餅」の話柄《わへい》は、江戸東京の歴史のなかで時間の幅をもって形成され、筋立てや登場人物、また本稿で論じるような場所の設定に噺家たちが工夫を凝らし、展開してきたといえる。

現状では最終的に古今亭志ん朝を典型とする近年のやりかたに至っているわけだが、志ん朝の「黄金餅」はいわば親譲りであり、基本の枠組みは古今亭志ん生〈一八九〇～一九七三〉と同様のものといえる。また付け加えると、志ん朝の兄の金原亭馬生《きんげんていばしょう》（一九二八～一九八二）も「黄金餅」を演《や》っていた（それぞれの芸風、個性は異なりすべてが同じというわけではない。また立川談志もこの噺を演っていたことを補記しておく）。二人の父である志ん生は、明治中期に人気を呼んだ三代目五明楼玉輔《ごめいろうたますけ》（一八四八～一九一八）からこの噺の稽古を受け、しばらく高座にかけることをせず、のち工夫を重ねて磨き上げたと伝わっている。(7) すでにみてきたようにグロテスク味のある噺ではあるが、志ん生独特のすっとぼけたような調子でやっていると、シュールに突き抜けてしまった感じがあって、けっして後味が悪くないのは不思議である。

志ん生はまた、自身が耳にした「黄金餅」のなかで「ああ、うまいなと思ったのは品川の師匠〔四代目橘家円蔵《たちばなやえんぞう》〕と、教わった五明楼玉輔さんですよ」といっており、その四代目橘家円蔵（一八六四～一九二二）の速記が、大正二年（一九一三）一月の『文芸倶楽部』に掲載されている。(8) そこでは、西念が住むのは現行と同じ下谷山崎町で、金を詰めた一貫ばかりのあんころ餅を食べて果てた遺骸は、「麻布ゼツコウ釜無村の目蓮寺」へと例の「道中付け」とともに運ばれていく。やはり酔いどれ和尚のでたらめなお経で引導を渡されて桐ヶ谷の焼き場へいき、金を取り出した金山寺屋の金兵衛は目黒に餅屋を開いて黄金餅でたいそう繁盛する。最後は、「人の運は何所《どこ》にあるか解りません。黄金餅の由来と云ふ一席のお話でございます」となっていて、これも何ともとぼけた味わいの噺になっている。

志ん生に口伝した三代目五明楼玉輔、また右にみた四代目橘家円蔵以降は、下谷山崎町から噺がはじまっていく今日と同工のものとみてよく、芝界隈で噺が展開する三遊亭円朝は、場所性という点で相違がみられる。ともに願人坊主がいる「貧窟」の長屋を設定しながら、芝から下谷山崎町へと、円朝より少しあとの時代の噺家たちは場所を移行させて演じているのである。しかし、先述の『窓のすさみ』も芝辺の話なのだから、祖型はやはり芝界隈であったと思われるのである。

明治の東京の変貌

そもそも落語には、いくらか前の時代の「共有された記憶」を語り、それを聴客が楽しむという性格がある。その点では円朝も噺の冒頭で「ズツと昔時芝の金杉橋の際に」とはじめており、橘家円蔵は「其の昔は種《いろいろ》とのお貰ひがありまして、然《さ》う云ふ者が多く住《すま》つて居る所は」等といって噺を下谷山崎町へ持っていく。時間の設定は現在ではなく、抽象化された「昔」なのである。

いうまでもなく明治の東京の変貌は激しく、じつは芝新網町にしても明治五年(一八七二)の鉄道開通により、町域の一部が失われている。円朝が場所の設定をわずかに西へずらしているのは、もしかすると、その影響があるのかもしれない。周辺も含めていうと、伝統であった江戸前の漁業はいっそう不振となり、地方から流入する人びとの急激な増加とさらなるスラムの発生なども明治後期に向かって起こっている。さらに、大正二年(一九一三)にはじまる芝浦沖の埋め立て造成からは、第一次世界大戦をはさんで芝浦工業地帯が生まれ、近隣エリアは工場労働者の町ともなっていく。つまりは、土地の性格が一変しているのである。

こうしてみると、いくら「記憶」を語るとはいっても、少しのちの時代の噺家たちにとっては、あまりに変貌の激しかった芝界隈の設定は、それにしてもやりにくいという感覚があったのかもしれない。もっと時代を経て、さらに古典落語化してしまえば逆に割り切れるのだろうが、変貌を同時代的に目の当たりにしているとどうであったろうか。いささか評価がむずかしく、可能性の提示にとどめてこれ以上の深追いはしないが、一方の下谷山崎町の場合、下谷万年町と名前を変えてやはり明治近代共通の大きな変化をこうむってはいるものの、過去からの「共有された記憶」の雰囲気は、その小さなエリアにかぎっていえば、しばらくのあいだは（関東大震災の前までは）芝界隈と比べ相対的には残し続けていたと思う(9)。

変貌の話題を続ければ、明治維新前後は文字通り激動の時代であり、慶応四年（一八六八＝明治元）五月には、上野の寛永寺に立てこもった彰義隊と新政府軍との上野戦争があった。寛永寺の堂舎の大半が焼失し、境内地の大部分が没収されて、結局、明治六年（一八七三）には公園地に指定され上野公園となった。そして明治一〇年（一八七七）に同地で開催の第一回内国勧業博覧会を皮切りとして、その後、十数年のあいだには、寛永寺本坊跡地に新築された博物館（現、東京国立博物館）、同付属の動物園（現、上野動物園）、また美術学校や音楽学校（ともに現、東京藝術大学）などがつくられて、近代的な新しい「文化の地」となっていく。

この上野の寛永寺と芝の増上寺はともに徳川将軍家の菩提所であり、旧幕時代には大いに権勢を振るった。しかし、幕府崩壊後は増上寺もまた、神仏分離の影響をもこうむりながら、転変苦難の時代を過ごす。今日も浄土宗七大本山の一にして壮大で立派な念仏根本道場ではあるが、増上寺の土地は最盛時の約七分の一まで縮小しており、往時の広大さが思われるのである。

場所や地名の記憶を演じる

ここで都市のなかの場所構造をみていくと、話題にあげてきた願人坊主がいる下谷山崎町も、芝新網も、それぞれ権力的な宗教空間である寛永寺、増上寺の周縁に存在したということができる。願人坊主は基本的に僧籍をもつ者ではないが、そのなりは「坊主」にして芸能者なのであり、この集団は現実にも町方ではなく寺社奉行の支配を受けた。落語のなかでもごく自然な言及のされかたで、「坊さん」(円朝、円蔵、志ん生)、「お坊さん」(志ん朝)と呼ばれるのである。その遊芸的にしてあやしく淡い宗教性は、正統なものとはもちろん区別されていたが、それでもどこか聖と俗の「あわい、隙間」に生を得る独特な存在として、有力寺社の周辺地に住まい、都市の巷《ちまた》、巷に出没したのである。増上寺の前には芝神明(現、芝大神宮)という人だかりのする場所があって、上野山下の繁華と同様に、江戸時代後期には浅草や両国に次ぐ盛り場として賑わっていたのである。

かつての江戸の路上や門前には、じつに数多くの種類の大道の雑芸能者、物売り、また物貰いなどがいたが、[10] 明治五年(一八七二)前後からの一〇年ほどのあいだに、当事者たちからすればあたかも波状攻撃のように統制や禁止の措置がとられていった。これは欧米列強を範としたいわゆる「文明開化」の風潮が、伝統習俗の否定や風俗矯正へと向かった流れの一環であり、とくに首都東京をはじめとする大都市や開港地において厳しく行われた。

願人坊主に対しては、明治六年（一八七三）にその呼称の廃止が東京府から布告され、当時の『郵便報知新聞』（八月二〇日付）には「従来の道楽僧《ぐはんにんばうず》と云へる者、更に其称を廃し銘々渡世に応じたる肩書に戸籍面を改めべくの指令あり」との記事がみえる。状況をイメージしやすいように他の例も少し記しておくと、たとえば明治九年（一八七六）一二月には、万歳、厄払い、節季候《せきぞろ》などの門付芸が東京府により禁止されている。少し戻って明治七年（一八七四）八月には、越後獅子（いわゆる角兵衛獅子）の稼ぎ人に対して、新規の子どもにこの稼業をさせることは以後許されず、現在の子どもも早めに転業させるべき旨が、東京府から念押しするかたちで前年に続いて布達されている。角兵衛獅子の事例は、明治五年から六年にかけて数次にわたって公布された「学制」ともからんでおり、子どもの人権の問題でもあるが、願人坊主などの門付は、称を廃され、あるいは稼業を禁止されて、それではどうやって生きるのかというところまでの配慮がおよんだ施策とはいいがたいものであった。

そして重要なことは、すでにあげた円朝「黄金餅」の明治三〇年の段階にして、願人坊主はお上から呼称を廃止されてしまった存在なのであり、まさしくいくらか前の時代の「共有された記憶」のなかにあった。それは江戸から明治はじめの時代の路上や大道の世界と結びついた、当時の多くの人にとっては少し以前の親しみ深い記憶であり、天保一〇年生まれの円朝においては芝界隈という場所と具体的かつ自然に結びついていた。

当たり前のことながら、落語の噺は史実そのものではないし、その諸設定は厳密ではなくやや曖昧である。しかし逆にすべてが架空の絵空事かといえば、もちろんそんなことはない。時間の幅を適度に持たせながら、また場所のありようを大まかに、かつそれでいてしばしば本質的に反映させせながら、落語独特の「フィクショナルにしてリアルな世界」をつくりあげているのである。志ん生の噺がずぼらなようでいて、「黄金餅」について「あたしゃァ時代を徳川末期も明治近くとして」いるというのは[11]、さすが名人の的を射た設定なのである。また、芝界隈から下谷山崎町への場所の変更は理にかなっており、落語ワールドにおける「それらしさ」の追求という点で不思議なことではなかったといえる。

場所の問題に焦点化していえば、落語においては場所や地名もまた演じられているのであり、より正確にいえば、「場所や地名の記憶」がさまざまなかたちで噺家によって演じられているのである。人びとのまわりの場所や地名が言及され、さらにはそれが作品世界のなかでネットワーク化されてつなげられ、落語の享受者である庶民と一体になって江戸東京の歴史をともに生きているのである。

こうして場所や地名を演じる物語の生成は、人と周囲の世界とを取り結び共同体が共同体として存在するための、また過去からのつながりを確認するための、土地や場所をめぐる定番といえる「神話的な方法」であり、そもそも芸能にはお神楽をはじめとしてこうした機能をもつものが多い。能にも歌舞伎にも、そうした物語が存在する。気軽な落語も笑いのなかでひそやかに、江戸東京の庶民によって「生きられた」土地や場所を、演じ続けてきたと筆者は考えるのである。

南北に連なる太いベルト

落語は多くの場合に都市の物語であり、都市の噺家たちが語る、都市を舞台とした物語である。もちろん、数ある落語のなかにはそうでないものもいろいろあるが、いの一番にあげるべき性格は、やはり都市のものということなのである。以下では引き続き、江戸東京に焦点化するかたちで話を進め、落語における場所や地名のありかたについて、少し一般化して考えてみたいと思う。

最初に、江戸東京落語全体を見渡したときに頻繁に出てくる地名がどこかといえば、およそ北から南の順に、まずは浅草から蔵前辺や、上野、下谷、湯島、本郷辺があって、そこから南へ下って、何といっても中心的存在である神田の諸町と日本橋界隈があり、少し東の柳橋や両国も加え、さらにお城(皇居)を横目にしながらもっと南へ進んで、京橋から新橋、芝、麻布、品川といったあたりまでが、第一のコアなエリアといえる。そしてこれに、吾妻橋《あずまばし》や両国橋、新大橋、永代橋から隅田川を東へ渡った対岸の向島、本所、深川などを加えて、この全体として大まかに南北に連なる太いベルト(より正確には北東から南南西に連なる太いベルト)が、江戸東京落語にあらわれる中心的な地域といえる。じつは寄席の所在地も、この圏内に集中しているのである。(12) そして忘れてならないのは遊廓吉原の存在であり、いわば別格中の別格として江戸東京落語のなかに登場し、言及される回数でいえば、じつはこれが断然、他を圧して多いのである。

お城の西側の番町、麴町、またさらに赤坂、四谷、牛込、新宿などもこれ以外で比較的よく出てくる地名であるが、吉原も含めて、先の南北の太いベルトが中心という状況はあきらかである。これは今日の東京からすれば(東京都全体からみても、二十三区からだけみても)、極端に東側へ偏った状況といえる。いや、じつはその言いかたは話が転倒していて、現在に至るその後の歴史のなかで東京が西側へ大きく範囲を広げたのであり、逆にこの東寄りの南北の太いベルトこそが、元来の江戸庶民の生活圏なのであった。大まかにはその圏内で、あるいはそこに関わりやきっかけをもつかたちで、多くの江戸東京落語の噺は展開しているのである。先の「黄金餅」も、そうした落語の一例である。

加えて、江戸の町ではその七割近くの土地を武家地が占め、残り三割強の半々が町人地と寺社地という土地構造であった。人口では半数を越える町人たちが、全体のわずか一六パーセントほどの土地に住んだわけで、町人地の人口密度は一平方キロ当たりほぼ六万人と推定されており、これは今日の東京二十三区平均の一万五〇〇〇人をはるかにしのぐ恐るべき集住度であった。そして何がそんな高密度の状態を可能にしたのかといえば、すなわち、庶民が集住する長屋の存在であった(13)。

もちろん表通りの大店《おおだな》や商家も多くあり、またやや裕福な者がいる長屋もあったが、基本は庶民が暮らすつましい長屋が町々に軒を連ねていたのであり、粗末な裏店《うらだな》(裏長屋)が数多くあった。出入口に台所を兼ねた土間があり、あとは四畳半か六畳が一部屋だけという狭小な空間で、そんな長屋が密集すれば自然、人口密度は高くなったのである。井戸も便所も共同であり、それらを含む路地空間はなくてはならぬ共用の場所であった。落語のなかにはこうした庶民が住む長屋の環境が、色濃く反映しているのである(14)。貧乏長屋を出発点とする「黄金餅」は、その点でも象徴的な落語であった。

死と生をからめて動かす ――「祭儀的な時空」を移動し「再生」する

ここまで、江戸東京落語においては、「お馴染み」の南北に連なるベルト圏を中心に噺が展開し、「お馴染み」の長屋がしばしば出てくることを記してきたわけだが、人をひきつける観点からすると、「お馴染み」に終始するだけでは面白くも何ともなくなってしまう。親しみを感じはしても、それだけでは落語にならないのである。

落語としての一つの方法は、「死と生をからめて動かす」というパターンであった。まず、あらゆる物語作品において、死と生、生と死は、最も人をひきつけるテーマである。落語ではそれとからめながら、登場人物が身近な場所を一時的に離れ、「祭儀的な時空」を移動あるいは往復したうえで、何らかの意味で「再生」する、新たに生を得るというかたちを創り出したのである。それは小規模にして都市的な「巡礼と再生」といえるものかもしれない。

異色とみえる「黄金餅」もこの類型であり、貧乏寺へ遺骸を運ぶという「祭儀的な時空」の道のりは「何うも大変に遠いネ」（円朝）なのだが、そこに工夫が加えられて例の「道中付け」へと変じた。運ばれる願人坊主も、運ぶ金山寺屋の金兵衛も、そもそも路上、大道の人であり、柄に合った設定である。そして最終部の「人の運は何所にあるか解りません」（円蔵）も、「江戸の名物黄金餅の由来の一席」（志ん生）の軽い喋り口も、まったくとぼけたものだが、ともあれ、金兵衛はここで新たに黄金餅屋となって繁盛するのである。[15]

類似のパターンですぐに想起されるポピュラーな落語は、「大山詣り」と「佃祭《つくだまつり》」である。「黄金餅」の金兵衛はいささか「ピカロ」（picaro 悪漢）というべきだが、いくらかあやしい「大山詣り」、人柄が良さそうな「佃祭」の順で登場人物は真っ当になっていく。まず「大山詣り」はおよそ以下のような噺である。

江戸の長屋の講中で、恒例の大山詣り（大山は信仰登山で知られた神奈川県中部にある山）に出かける。しかし長屋には毎度、酒に酔って喧嘩をする熊五郎がいるので、もしまたそんなことがあれば頭を坊主にするという「きめしき」（約束）をする。お山が無事に済んだ帰路、またもや熊は神奈川宿（保土ヶ谷宿、藤沢宿とも）で酔って暴れ、泥酔して寝ているところを丸坊主にされてしまう。怒った熊は先回りして長屋へ戻り、帰りに立ち寄った金沢八景で船が沈没して皆が死に、一人だけ助かったと嘘をつく。自分は菩提を弔おうと坊主になったのだと頭をみせると、それに騙された長屋のかみさんたちも揃って剃髪し尼になってしまう。そして折しも念仏供養の最中に、皆が無事に戻ってくる。女房を坊主にされた連中は怒るが、先達《せんだつ》さん（リーダー役）がそれを制し、「お山は晴天。家へ帰れば、皆お毛が（怪我）なくっておめでたい」でオチとなる。(16)

嘘から生まれた仮想の死ではあるが、長屋では愁嘆場があってすでに念仏供養もはじまっており、一転、それが「再生」へと変じ、「おめでたい」とサゲるわけである。正確には「擬似的な死と再生」、あるいは「バーチャルな死と再生」とでもいうべきものである。また大山詣りといいながら、実際の大山での描写はほぼまったくない。それはあくまで長屋の共同体が中心だからで、大山詣りはきっかけだからである。だが、そのお詣りという「祭儀的な時空」「巡礼の時空」のきっかけこそがこの落語を動かしているのであり、長屋の共同体に別途のスコープ（scope 視野範囲、作用域）を加えて波乱を生み、それを乗り越えながら、共同体を再確認、更新しているのである。

もう一つの「佃祭」も、似たところのある噺である。

神田お玉ヶ池で小間物屋を営む次郎兵衛は祭り見物が大好きで、佃祭へ出かける。当時の佃島は隅田川河口の文字通りの島であり、船で渡すかたちであった。その帰り、船着き場で一人の女に引きとめられ、仕舞船《しまいぶね》を逃してしまう。聞けば、その女は三年前に本所一つ目の橋（吾妻橋とも）で身投げしようとするところを、次郎兵衛から三両の金（五両の金とも）を恵まれ助けられたとのこと。向こう岸へはあとで船頭の夫が送るからといわれ、家へ招かれごちそうになっていると、自分が乗るはずだった船が沈み、皆おぼれて死んだと大騒ぎになる。次郎兵衛は、かつて助けた人に助けられたわけである。ところが、沈没惨事の噂はたちまち伝わって、留守宅とまわりの長屋の連中には死んだと思われてしまい、自分の仮通夜（葬式とも）が行われている最中に次郎兵衛は戻ってくる。幽霊だ、どうぞ成仏してくださいと誤解されるが、最後は生きていてよかったと皆が安堵する。坊さんは、陰徳を積んだから良い報いがあったのだと、陰徳陽報の教えを説く。それを聞いた与太郎が自分もあやかろうと金を工面し、身投げしそうな者をさがし歩く。永代橋でこれは身投げだと女を抱きとめると、身投げではないという。「着物の袂にこんなに石がある」と与太郎がいうと、「石じゃあないよ、戸隠様《とがくし》へ納める梨だよ」でオチとなる（俗に戸隠信仰では、歯痛を抑えるために橋の上から信州戸隠山の方を拝んで梨を奉納し、梨を断つとよいといわれていた）。なお、最後の与太郎の部分は省略する噺家も多い[17]。

大山詣りよりはだいぶ近距離であるが、佃祭というこれもまさしく「祭儀的な時空」に出かけ、死んだと思われてしまった波乱を乗り越え「再生」しているのである。かつて身投げ寸前の女を助けたという過去の「再生」も因縁としてあり、じつはその橋上から歩みが続く二重の「再生」の噺といえる（与太郎のコメディー・リリーフまで入れると三重になる）。どこか生命賛歌の感覚のある、祭りというものの機能にも見合った噺である。ただ、これまた佃祭自体の現地での描写はほぼまったくなく、あくまで神田お玉ヶ池の共同体が噺の起点にして終点で、佃祭は大山詣り同様にきっかけなのである。しかしその「祭儀的な時空」のなかを動くことが、仕掛けとしては重要であったのである。

＊＊

「祭儀的な時空」を移動したうえで、何らかの意味で「再生」するというこのやりかたも、土地や場所をめぐる定番の「神話的な方法」であり、江戸東京落語における場所や地名はそんな仕掛けも加えながら、噺家たちによって演じられ続けてきたのである。これをもっと本格的に深化拡大させれば、日本を含めて世界に数多くある「巡礼文学」の方法に通じるものでもあるが、「動く江戸東京落語」はささやかに、庶民の登場人物たちをあちらこちらと動かしながら、いまではみえにくくなっている「道」や「町々」「共同体」の姿を噺のなかに包み込み、私たちの世界におけるその「内在」を意識させるのである。そしてそうした「生きられた場」の生々しい詩や歌を、噺家たちは日々その軽妙な舌先にのせて楽しませてくれるのである。

（1）落語における地名や名所が幅広く全国各地にわたることに関しては、田中敦『落語九十九旅――全国落語名所ガイド』（岩波書店、二〇一六年）を参照。また、そうしたなか、一方で数量的には江戸東京と上方にかなり集中することに関しては、同じく田中敦『落語と歩く』（岩波新書、二〇一七年）の、とくに六五・六七頁の表3・4と関連の記述を参照されたい。ともに落語好きが細部を楽しめる、落語フィールド「ウォーク」を実践する書である。

（2）横山源之助『日本之下層社会』（教文館、一八九九年）が原刊で、『日本の下層社会』の書名で文庫化されている（岩波文庫、一九四九年。のち一九八五年に改訂版）。この方面ではまた、中川清編『明治東京下層生活誌』（岩波文庫、一九九四年）に収載の各文章も参考になる。

（3）下谷山崎町は、元々は黒鍬組《くろくわぐみ》という江戸城内の普請や作事にかかわる御家人たちに与えられた黒鍬屋敷大縄地（大縄地とは、当初は細分せずに一団にまとめて与えられる知行地のこと）であり、黒鍬町の名で呼ばれた。それがのち元禄一二年（一六九九）に町屋敷への変更を許され、それを機に上野東叡山のさき（麓）なので山崎町と名付けられた。御家人地主たちはその後、多くを店借また地借に賃貸し、長屋もつくられて、それらを家守（大家）に委ねるかたちで経営された。願人坊主は享保二年（一七一七）に山崎町二丁目に住みはじめ、当地と結びついての歴史は古く、下谷の近隣にも居住したと思われる。これよりも古くから願人坊主が集住していたことで知られる場所は、橋本町とそれに隣接した馬喰町西北部である（両者あわせておよそ現在の東神田一・二丁目辺）。また、明和五年（一七六八）以来、乞胸頭《ごうむねがしら》の山本仁太夫も下谷山崎町一丁目に居住し、配下が二丁目を含め集まったが、のち天保の改革により宿所を浅草龍光寺の門前にまとめることとなり、天保一四年（一八四三）には多くが移転した。こうした芸能者たちのひろがりは、一般に考えられている以上に幅広くかつ複雑であり、本稿ではすべてを網羅するのではなく、俎上に上げた落語「黄金餅」と直接的にかかわる範囲にかぎって記していることをお断りしておく。なお、下谷万年町のその後に関しては後掲注9を参照されたい。

（4）「黄金餅」に関しては、中込重明『落語の種あかし』（岩波書店、二〇〇四年。のち岩波現代文庫、二〇一九年）の第三章「噺さまざま、起源さまざま」において、「『黄金餅』――奇想と滑稽の極み」のタイトルで詳細に論じられており、大変参考になる。中込が記すように、貯めた金を呑み込み死んでしまう類話は世界にいくつか存在する。したがってこの噺の発端は、ある意味、普遍性のある人間的な行動とみることもできよう。

（5）『円朝全集』第一三巻（岩波書店、二〇一五年）所収「何も商法」中の「（十二）黄金餅」による。元は『中外商業新報』明治三〇年一二月二六日〜三〇日の「漫言」欄。全集当巻の担当は佐藤至子で、その注解や後記（解題を含む）も参照させていただいた。

（6）松崎観瀾（尭臣）『窓のすさみ』（享保九年〈一七二四〉自序）追加巻之上。各所に写本で伝わっているが、ここでは有明堂文庫版『窓のすさみ　武野俗談・江戸著聞集』（塚本哲三校訂、有朋堂書店、一九一五年）における活字翻刻を用いた。

（7）飯島友治編『古典落語』第二巻（筑摩書房、一九六八年）収載の「黄金餅」（古今亭志ん生）の項の解説による。

（8）『文芸倶楽部』一九巻二号（速記者は今村次郎、大正二年〈一九一三〉一月一五日、博文館）。同速記は、暉峻康隆・興津要・榎本滋民編『〈口演／速記〉明治大正落語集成』第七巻（講談社、一九八一年）に収載される。なお、当該の口演は「出世鑑《かがみ》」なる枠組のもとでおこなわれており、運に恵まれて黄金餅屋になるという結構を明瞭に示すものとなっている。

（9）その後、関東大震災で多大な被害をこうむった下谷万年町は、東京復興事業の区画整理等により元の町とは基本的に性格の異なるものとなっていく。同地を出て郊外に移り住んだ者も多くあったといわれている。昭和二年（一九二七）一二月には東京地下鉄道の広大な上野電車庫（現、東京メトロ上野検車区）ができ、また前後の時代に周囲の道路が拡張されて、実質的な居住の領域はかなり狭まった。その点での変化も大きかったのである。ただそれでもなお、第二次世界大戦および高度成長期のさらなる変貌を越えて、当地に昭和一五年（一九四〇）に生まれた唐十郎は『下谷万年町物語』（一九八一年初演）の舞台を創り出した。時は昭和二三年（一九四八）、八軒長屋のハエだらけの町に多くの男娼たちが住むという設定で、戦後に上野の山にあらわれたバラック集落等も下敷きにしながら、また浅草の地を視野に入れて、夢幻的に土地の記憶を作品世界で語っている。

こうした「土地の記憶の語り部」となることは、落語はもちろんのこと、古くは能楽も含めて、芸能というものの大きな特徴である。

(10)　たとえば川添裕編『朝倉無声　見世物研究　姉妹篇』(平凡社、一九九二年)の「II大道芸・諸芸篇」「III大道物売篇」の諸項を参照。

(11)　前掲注7。

(12)　こうした視点を早くから提示していたのは、比留間尚「成立期における落語の社会的基盤」(『文学』一九六〇年一二月号)であり、いくつかのデータをあげながら、江戸において落語が基盤としていた場所の問題をとりあげていて参考になる。ここでは同論文に加え、前掲注1の田中敦『落語と歩く』の表および関連記述も参照のうえ、基本的には筆者自身が半世紀にわたり落語に親しんできた経験と感覚をもとに、おおよそのところで地名や地域をあげている。細かくいえば、ここがない、あそこが抜けているという場所もあるかもしれぬが、全体の傾向はこれでとらえていると思う。

(13)　長屋および長屋の背景にある江戸の都市構造、社会構造の特徴に関しては、竹内誠「長屋」(『江戸学事典』弘文堂、一九八四年)を参照。

(14)　この点に関しては、川添裕「落語のメディア空間」(延広真治・山本進・川添裕編『落語の世界3　落語の空間』岩波書店、二〇〇三年)も参照。同書(当巻は川添が担当編者であった)の全体も、落語が行われ享受される場所、環境、背景の社会等を考察したもので、本稿と重なる関心内容を多く含むものである。

(15)　現在は演じられないが、「黄金餅」の後日談というべき後篇の噺も確認されている。黄金餅屋は繁盛し、金兵衛は妻を得て子も生まれる。金兵衛は西念の供養をしようと思い立ち、そのためのお金(西念から得たものと同額)を仏壇に隠しておくが、長じた息子がそれを持ち出して女のために使ってしまう。この道楽息子は女を騙し、女のほうも報復する。それが災いとなって結局、黄金餅屋は滅びるというものである。いわゆる因果応報であり、筆者には落語「もう半分」が、類似の噺として思い起こされるところである。

(16)　「大山詣り」の話柄の源流は、狂言「六人僧」にさかのぼることができる。これは三人の男が仏詣《ぶっけい》の旅に出かけ、いたずらで仲間に頭を剃られた男が一人さきに帰郷し、他の二人は溺れて死んだと妻たちを騙し尼にしてしまう。その髪を持って男は二人のところに戻り、妻たちは夫が愛人をつくったとの誤解から自害したと嘘をつき、この髪は遺髪だといって証拠としてみせる。世をはかなんだ二人は、仏門に入る決心をして頭を丸める。三人が帰郷してすべての事情がわかり悶着もあるが、仏縁を感じた残りの妻も尼となり、こうして男女六人の僧ができあがり後生を願うという話である。類話は井原西鶴『西鶴諸国はなし』巻一の七や、十返舎一九『滑稽しつこなし』、根岸鎮衛『耳嚢』巻一にもみられ、比較的ポピュラーであった話柄が落語化され『大山詣り』になったと考えられる。また、さらに付け加えておくと、船が沈没して自分以外の者は生死不明と嘘をついて周りを騙す部分は、中国明代の浮白齋『雅謔』中に「朱搭戸」なる類似の話があり、比較的知られた話であったと推測され、これがいま述べた諸作に影響を与えていた可能性がある(ただし、「朱搭戸」では頭を剃る、頭を丸めるという要素は欠如している)。この中国笑話との関連性については、岡田充博「落語「大山詣り」の原話」(『横浜国大国語研究』二七号、二〇〇九年)により教えられたもので、岡田氏はまた同論文を補足するかたちで、「丸坊主にされる話――落語「大山詣り」付記」(同二八号、二〇一〇年)及び「「大山詣り」と「かみそり狐」追記」(同四〇号、二〇二二年)も執筆している。なお、上方落語にも「百人坊主」という伊勢参りを舞台にした類似の噺があるが、ここでは江戸東京に成立した「大山詣り」をとりあげている。

(17)　「佃祭」の話柄は、中国・元末明初の陶宗儀による著『輟耕録』中の「飛雲渡」(寿命三〇歳と占い師にいわれた男が、身投げの女を救ったことから、船の転覆で死ぬその運命を免れる)に源流があるが、これを根岸鎮衛『耳嚢』巻六では、身投げしようとする女を助けた武士がのちに渡し場で女に再会し、引きとめられたことにより船の転覆で死ぬ危難を遁れる話(「陰徳危難を遁れし事」)にしている。江戸東京落語の「佃祭」は、後者を武士から町人に置き換えた体裁の作品といえる。なお、噺のパーツをみていくと、他にも類話は存在する。

4 「文七元結」と江戸・東京

佐藤至子

文七元結があった時代

貧しい左官が自分の娘を抵当にして吉原の妓楼で金を借り、家に帰る途中、吾妻橋《あずまばし》で身投げをしようとしている男に出くわす。男は商家の手代で、掛け取りの帰りに金をすられたと言う。左官は手代に金を与え、娘を売った金と説明して去る。手代が店に戻ると掛け取り先から金が届いており、自分がうっかり置き忘れてきたことがわかる。翌日、手代の主人は左官に金を返し、娘を吉原から身請けして家に戻す。娘と手代（名前は文七《ぶんしち》）は夫婦になり、元結《もとゆい》を売る店を開く。落語「文七元結《もっとい》」は、簡単にまとめればそのような話である。

元結は、現代の一般人の生活においてはなじみの薄いものになっているが、明治・大正期はそうではなかった。明治四年（一八七一）の散髪脱刀令は男性を対象とするものであり、女性たちの多くが髷を結わなくなるのはそれよりだいぶ後のことである。五代目三遊亭円生（一八八四～一九四〇）口演「文七元結」(1)（大正七年〈一九一八〉）は「ご婦人さまがたのお使い覚えの〝文七元結〟の元祖の一席、あまりお長くなりますからこれにてとどめおきます」と結ばれており、この噺を身近な結髪用品の由来譚として演じていることがわかる。『〈改訂／増補／詳解〉婦人結髪術』(2)（大正一四年）の「元結《もとゆひ》の種類と使用法」には「元結には実用向《じつようむき》と装飾向《さうしよくむき》の二種あります結髪に使ひます品を実用元結（切元結《きりもとゆひ》、忍元結《しのびもとゆひ》、文《ぶん》七元結《しちもとゆひ》）と云《い》ひます」とあり、結髪用の元結として文七元結への言及がある。

「文七元結」で語られる文七元結の由来は、要するに「文七」が元結を商う者の名に由来するというものだが、近世の考証随筆類には「文七」は紙の名に由来するとの説がみられ、これを受容した言説が明治・大正期にも流布していた。例えば化粧品と装身具を扱う柳屋本店の宣伝冊子『おつくりの栞』(3)（大正二年）には、自店製の元結を宣伝する文の後に「切元結に文七元結の称あるに就《つ》き聊《いさゝ》か弁じ置くべきことあり」とあり、「文七」の由来を浪華の侠客雁金文七とする説と元結の材料にする杉原紙の印の名とする説とを紹介し、後者が正しいとしている。出典は記されていないが『世事百談』（山崎美成、天保一四年〈一八四三〉刊）「文七元結」(4)に拠ると思われる。また、『新撰東京名所図会』(5)第二八編（明治三四年）「文七元結摎場趾」には「楓川鎧之渡古蹟考云、類柑子の文にてみれば、其角が隣の明き地なること、文章にあきらかなり。／文七にふまるな庭の蝸牛／元ゆひのぬる間はかなし虫の声／など丶見えたれば、是も薬師堂より西南の方なるべし、（中略）菊岡沾凉が世事談には、文七と云は、元結を始し人の名にはあらず、元ゆひに作る紙の名なりとあり、すべて元ゆひを作るものをさして文七といひけるにや、其角の洒落意味ふかし」とあり、『楓川鎧之渡古跡考《もみじがわよろいのわたしこせきこう》』(6)（池田英泉、弘化二年〈一八四五〉刊）所引の『類柑子《るいこうじ》』（其角《きかく》、宝永四年〈一七〇七〉跋）の記述[7]に拠って其角宅の隣地に文七元結製造場があったとし、『本朝世事談綺《ほんちょうせじだんき》』（菊岡沾涼《きくおかせんりょう》、享保一九年〈一七三四〉刊）から「文七」を紙の名とする説[8]を引いて、それが元結職人の呼び名になったと推察している。

このように諸説[9]が流布する傍らで、落語「文七元結」は演じられ続けていた。その内容がどこまで真実と思われていたかはわからない。先学が指摘しているように[10]、この噺に類似した物語（ただし文七元結の由来譚にはなっていない）が『聞書雨夜友《ききがきあまよのとも》』（東随舎、文化二年〈一八〇五〉刊）巻一「陰徳《いんとく》にて顕長寿之相話《ちやうしゆのさうをあらわすわ》」[11]に含まれており、「文七元結」はそうした話柄を取り込んでつくられた架空の由来譚である。もとより重視されるのは話のおもしろさであり、演じ手も聴き手も内容の真偽にこだわることはなかったかもしれない。

だが、身近な日用品の由来譚としては、どことも知れない世界の話ではなく、実在する場所を舞台に話が展開してゆく方が自然であろう。事実、「文七元結」では江戸の町が舞台となっており、吉原の妓楼の名にも実在した妓楼のそれが使われている。

では、この噺に描き出されている〈江戸〉は、具体的にはどのような空間なのだろうか。明治・大正期の口演速記に即して考えてみたい。

翁家さん馬の口演

五代目翁家《おきなや》さん馬（一八四七～一九一四）口演『〈文七／元結〉情話之写真』[12]（明治二〇年〈一八八七〉刊、以

下『情話之写真』）は、現在確認できる最も古い「文七元結」の口演速記である。あらすじは次の通りである。

　元禄年間のこと。江戸の本所達磨横町に店借りする左官の正作は大変な博奕好き。一二月一一日、正作は博奕に負けて帰宅する。家には妻と娘のお鶴がいるが、困窮甚だしく、お鶴は自ら吉原の妓楼佐野槌《さのづち》へ行き、身売りを相談する。佐野槌の主人は正月三〇日を返済期限として正作に三〇両を貸す。帰路、正作は吾妻橋で身投げしようとしている男に出くわす。男は文七と名乗り、馬道《うまみち》の三河屋太助の店で受け取った金を蔵前の八幡ですられたので申し訳に死ぬという。正作は三〇両を文七に与えて身投げを思いとどまらせ、娘を佐野槌に売った金と説明して去る。文七が茅場町の店に戻ると三河屋から金が届いており、金を置き忘れてきたことがわかる。翌日、店の主人は文七を連れて正作の家を訪れ、質両替を渡世とする茅場町の和泉屋半兵衛と名乗り、正作に金を返す。正作は返してもらうつもりはないといったんは断るが、受け取る。主人は御酒料として三〇両を贈り、身請けしたお鶴を家に戻す。文七はお鶴と夫婦になり、茅場町薬師の寺内の家で元結屋を始め、繁昌する。

　作中の〈江戸〉を構成する要素を確認したい。本所の達磨横町（達摩横町）は隅田川東岸の北本所表《おもて》町《ちょう》（現在の墨田区東駒形一・二丁目、吾妻橋一丁目に含まれる地域）にあった。『御府内備考』（文政一二年〈一八二九〉成）本所之十二「北本所表町」に「町内上之方一丁程を浜屋敷トモ達摩横町とも相唱候」とあり[13]、『東京案内』下巻[14]（明治四〇年）に「本所表町　寛文九年より市廛《してん》を北本所表町《おもてちょう》と称し（中略）明治五年三月華族酒井氏邸及士地寺地を合し、後ち北の字を削りて単に本所表町と称す。俗称小三堀、浜長屋、中之町、達磨横町《だるまよこちやう》等の処あり」とある。五代目尾上菊五郎が「文七元結」を原作とする歌舞伎「人情話文七元結」(明治三五年一〇月、東京・歌舞伎座)を演じるにあたり本所に赴いた際の話に「吾妻橋に参りますと、彼処《あすこ》を渡つて本所へ出て材木屋の横町に掛《かゝ》つて、確か此処《こゝ》が達摩横町《だるまよこちやう》だなと思つて、辻待《つじまち》をして居る車屋に聞くと、さうだと云ふので」(『五代目菊五郎自伝』「佐官長兵衛」[15])とあることから、達磨横町(達摩横町)の称は明治末期にも通用していたとみられる。

文七が身投げを止められる吾妻橋は安永三年(一七七四)に竣工した。作中の時代を元禄期とする設定とは矛盾するが、これについては後述する。ここでは吾妻橋が舞台となる必然性について考えたい。文七が正作に出会うまでにたどった道筋は、茅場町—馬道—蔵前の八幡—吾妻橋である。蔵前の八幡(現在の蔵前神社、台東区蔵前三丁目)から吾妻橋へ行くには来た道を戻る格好になる。前述の類話「陰徳にて顕長寿之相話」では日傭取《ひようとり》の徳介が自分の娘を吉原に売った帰りに中田甫《なかたんぼ》(吉原田甫)で材木屋の手代に出会い、金を紛失して死を覚悟している手代に所持金の一部を与えて命を助ける筋立てになっている。吉原の近くで出会い、自殺を思いとどまらせる点は同じだが、『情話之写真』では橋から身投げするのを止めるという、より劇的な状況が描かれている。また、中込重明氏が指摘するように落語「佃祭《つくだまつり》」「星野屋」「唐茄子屋政談《とうなすやせいだん》」には吾妻橋からの身投げが描かれており、とりわけ「唐茄子屋政談」は若旦那の身投げを達磨横町に住む伯父が止める展開で、「文七元結」と共通点が多い[16]。明治二〇年以前の口演は未調査だが、あるいは吾妻橋で身投げを止めるという設定がこの頃までに定型化していたのかもしれない。

文七の元結店の場所は茅場町薬師の寺内になっている。先にも少し触れたが、茅場町の其角宅の北隣にあった空き地が文七という者の元結製造場になったという記述が其角『類柑子』「北の窓」にあり、そこに「文七にふまるな庭のかたつふり」などの句も記されている。『情話之写真』では元結店の繁昌を語る箇所でこの其角の句と文七とを結びつけ、「其頃《そのころ》に宝井其《たからゐき》角《かく》が。文七の繁昌を祝して（文七にふまるな庭の蝸牛《かたつむり》）と云ふ句を読《よま》れました。是《こ》れ文七元結の原祖で」と述べている。『類柑子』「北の窓」の記述は考証随筆『歴世女装考』（山東京山、弘化四年〈一八四七〉刊）「元結、文七元結の名義、はねもとゆひ[17]」にも引用されており、幕末には文七元結をめぐる言説の一つとして知られていたと思われ、それが落語に取り込まれたものと推測される。

三遊亭円朝の口演

次に三遊亭円朝（一八三九～一九〇〇）口演「文七元結[18]」（明治二二年〈一八八九〉）のあらすじを示す。

本所の達摩横町に住む左官の長兵衛は博奕に負けて帰宅する。家では娘のお久の姿が見えなくなり、妻が心配している。お久は自ら吉原京町一丁目の妓楼角海老《かどえび》へ行き、身売りの相談をしていた。角海老の女将は二年先を返済期限として長兵衛に一〇〇両を貸す。帰路、長兵衛は吾妻橋で身投げをしようとしている男（文七）に出くわす。男は白銀町《しろがねちょう》三丁目の鼈甲《べっこう》問屋近卯の若い者と名乗り、小《こ》梅《うめ》の水戸さまに一〇〇両の金を受け取りに行き、帰りに枕橋で人にぶつかって金を取られ、相談相手もないので身投げをするという。長兵衛は一〇〇両を与えて身投げを思いとどまらせ、娘が角海老に身を売った金と説明して去る。文七が店に戻ると屋敷から一〇〇両が届いており、金を置き忘れてきたことがわかる。翌日、主人は文七を連れて長兵衛の家に行き、一〇〇両を返す。長兵衛は一度やった金は受け取れないと断るが、女房にせっつかれて受け取る。主人は長兵衛に文七の親代わりになってほしいと頼み、酒を贈り、身請けしたお久を長兵衛の家に戻す。文七とお久は夫婦になり、麹町《こうじまち》六丁目に文七元結の店を開いた。

左官の名は長兵衛で、これは以後の「文七元結」にも受け継がれてゆく。作中の〈江戸〉について、『情話之写真』との相違点は主に四つある。一つは娘の身売り先を角海老とすることで、これについては後述する。二つ目は文七の掛け取り先を「小梅の水戸さま」とすることである。『東京案内』下巻「新小梅町」に「元禄六年始めて此地を水戸家に給して蔵屋舗とし（中略）維新後全邸一たび上地となりしも明治二年三月同家に賜ひ、五年其地及南方を合併して新《あらた》に町名を加へ、今の名を称し」とあり、「小梅の水戸さま」は元禄期から小梅（隅田川の東岸、北十間川《きたじっけんがわ》の北側）に屋敷を構えていた水戸徳川家をさす。同家は大正一二年（一九二三）の関東大震災を機に移転するまで新小梅町にあり[19]、震災後、その屋敷の跡地は隅田公園となった。関東大震災について記した『〈振天／動地〉大震災史[20]』（大正一二年）には「名に高い枕橋も焼けた、水戸さまと俗に称する徳川の邸宅も」とあり、大正期においても同家が「水戸さま」と呼ばれていたことがわかる。

三つ目の相違点は文七の奉公先である。鼈甲問屋は大名屋敷に出入りする商人として相応しく、鼈甲製品の櫛・笄《こうがい》は元結とも縁がある。白銀町は日本橋の本銀町《ほんしろがね》町（現在の中央区日本橋本石町四丁目、本町四丁目、室町四丁目）または霊岸島《れいがんじま》の銀町（現在の中央区新川一丁目に含まれる地域）が考えられるが、どちらであっても隅田川の西岸で、そこから小梅に行くには吾妻橋を渡って北東に進み、さらに北十間川にかかる枕橋を渡ることになる。帰路はその逆である。文七が枕橋で人にぶつかり、金をとられたと思い、吾妻橋に来て身投げをしようとする展開は地理的にも無理がない。また、吉原から達摩横町へ帰る長兵衛は必然的に吾妻橋を渡るので、両者が橋の上で遭遇する展開も自然なものに感じられる。

四つ目は文七の元結店の場所である。麴町と文七元結との関係については調査が及んでいないが、麴町は武家屋敷に近い商業地であり、元結を商う店があることに違和感はない。

さん馬の『情話之写真』には武家が登場していなかったのに対し、円朝の「文七元結」は町人と武家のいる〈江戸〉を描いている。また、話が展開する上で要《かなめ》となる四つの場所は、吾妻橋の周囲に散らばる形になっている。すなわち、吾妻橋から見て南方に長兵衛の住まい（達摩横町）、北西の方角に吉原、南西の方角に鼈甲問屋（白銀町）、北東の方角に「小梅の水戸さま」という配置である。吾妻橋は見ず知らずの他人同士が行き合い、人助けのドラマが起こる場所として、作中の〈江戸〉の中心にある。

春風亭柳枝の口演

三代目春風亭柳枝（一八五二〜一九〇〇）口演「江戸ツ子[21]」（明治二九年〈一八九六〉）は、やや特異な形をもつ「文七元結」である。まくらで江戸っ子を詠んだ狂歌や川柳（「江戸ツ子の生まれ損《そこな》ひ金を溜め」など)を引いて職人の江戸っ子気質について述べた後、「三方一両損《さんぽういちりょうぞん》」(職人が金を拾って持ち主の職人に届けるが、持ち主は受け取らず、拾った職人も礼金を受け取らず、大岡越前が仲裁する話)を語り、次いで「文七元結」を語るという構成になっており、金に執着しない江戸っ子気質の描出が眼目となっている。「文七元結」の部分は円朝の口演と概ね同じ筋立てだが、長兵衛の娘は借金の抵当として妓楼に預けられるのではなく、判人《はんにん》(女衒《ぜげん》)を介して妓楼に抱えられることになっている。また、噺の最後に文七と娘の結婚が語られるが、元結の店を開いたことへの言及がなく、文七元結の由来譚になっていない。

作中の〈江戸〉を構成する要素のうち、円朝の口演と大きく異なるのは長兵衛の居住地・文七の奉公先・娘が身を売る妓楼の三点である。長兵衛の居住地は本所の樽屋横町になっている。三遊派が「達摩横町」で演じるので柳派は別の名称にしたとされ(22)、樽屋横町は創作された地名と思われる。

文七の奉公先は麴町隼町《はやぶさちょう》の和泉屋四郎兵衛となっており、職種は不明だが、嘉永二年版「永田町絵図(23)」によれば麴町隼町は麴町一・二・三・五丁目に隣接しており、円朝の口演における元結店の場所(麴町六丁目)と大きくは変わらない。裏づけとなる速記は確認できていないが、麴町隼町に元結店を開いたとする演じ方が柳枝の口演以前にあった可能性もあり、それを奉公先の場所にあてはめたということも考えられよう。

娘が身を売る妓楼は「吉原に松葉屋半左衛門と申しまする………之《これ》を俗に半三松葉《はんぞうまつば》と称へます」とあり、『情話之写真』とも円朝「文七元結」とも異なる。長兵衛が金を手にする場面に「唯今は五十円の金は何でもござりませぬのが、文化文政の時分は五十両の金と云ふものは中々貴重《たふと》いものでござりまして」とあることから、作中の時代は文化・文政期であることがわかる。吉原細見《よしはらさいけん》を見ると、文化六年（一八〇九）春の細見では江戸町一丁目に松葉屋半左衛門の見世があり、文政九年（一八二六）秋と天保三年（一八三二）秋の細見では角町に松葉屋半蔵の見世があるが、天保一一年秋の細見にはどちらも見えない。[24]「半三松葉」が松葉屋半蔵をさしているとすれば、松葉屋半左衛門の俗称とするのは正確でないと思われるが、ともあれ作中の時代と妓楼の設定に大きな齟齬はない。

東京と地続きの〈江戸〉

ここで、作中の時代について考えてみたい。柳枝は文化・文政期の話として演じているが、さん馬と円朝はどうだろうか。『情話之写真』は冒頭に「頃は元禄年間の事で」とある。作中では其角の句を文七と結びつけており、元禄期の話とするのはそれとの整合性を意識してのことかもしれない。しかし、すでに述べたように作中には安永期に架橋された吾妻橋が登場し、元禄期という設定とは矛盾する。演じ手も聴き手も吾妻橋がいつつくられたのかを正確に把握しているとは限らないから、この矛盾にさほどこだわる必要はないのかもしれない。しかし、そうであればなおのこと、作中の〈江戸〉は実質的にはいつの時代なのかということが気になってくる。円朝「文七元結」には「文七元結の由来と云ふチトお古い処のお話を申上げ升が現今《たゞいま》と徳川家《とくせんけ》時分とは余程容子の違ひました事で」とあり、漠然と徳川時代としているが、これについても同じ問いを立てることができる。

この問いについて考える糸口となるのが、作中における妓楼の設定である。さん馬は佐野槌、円朝は角海老で演じている（なお、円朝は高座では角海老ではなく佐野槌で演じていたと伝えられている）[25]。管見では、佐野槌は文政期の細見には確認できず、天保三年（一八三二）秋の細見にその名が見える。見世の場所は江戸町二丁目で、呼び出しの遊女を複数抱える規模である。明治五年（一八七二）春の細見では江戸町一丁目に移動しており、明治一〇年五月の細見でも同じ場所にあるが、明治一七年五月の細見には掲載されていない[26]。すなわち天保期から少なくとも明治一〇年までは存続し、明治一七年以前に廃業したと推測される。角海老は、天保末期に京町一丁目入口の海老屋（主人は海老屋吉蔵）を「角海老」と称していた形跡があり[27]、それが明治期に正式の名になったものと思われる。明治五年春の細見では屋号は海老屋（主人は海老屋吉助）だが、明治一〇年五月と明治一七年五月の細見では角海老になっており、『新吉原画報[28]』（明治三一年九月）では大店之部に「角海老楼　京町一丁目」とある。

　要するに、佐野槌と角海老は近世後期から明治にかけて存続していた大見世であった。さん馬や円朝の口演当時、すなわち明治二〇年（一八八三）頃の感覚では、前者は近年まで営業していた妓楼、後者は現在も営業中の妓楼ということになる。これらが登場する〈江戸〉は、維新前の江戸といわれても違和感はなく、かつまた、口演当時の東京と地続きの観のある空間でもある。達磨横町や「小梅の水戸さま」、吾妻橋[29]についても同じことがいえよう。当時の東京が江戸の面影を色濃く残していたということでもあるが、架空の話に現実味を与え、日用品の由来譚として聴き手の現在に近いところに着地させる[30]には、これらを作中に登場させることは有効な手立てであったといえるだろう。

　では、このように構成された〈江戸〉は、その後の演じ手にどう継承されていったのだろうか。次に、円朝の孫弟子にあたる初代三遊亭円右《えんう》（一八六〇～一九二四）と、さらに後の世代である五代目三遊亭円生の口演を見てゆく。

三遊亭円右と五代目三遊亭円生の口演

初代三遊亭円右口演「文七元結」[31]（明治四〇年〈一九〇七〉）は、まくらに「御好みに依《よ》つて文七元結といふお話を一席申上げます。是《こ》れは同業者の中《うち》に、随分演《や》る者がございますが、故人円朝が最《もつ》とも苦心をして、種〻《いろ〳〵》演り方を直して話しました。私には師匠のやうには迚《とて》も演ることは出来ませんが、只《たゞ》教へられましたゞけの筋を、お喋舌《しやべり》をいたします」とあり、円朝の「文七元結」を受け継ぐものである。筋立ては前掲の円朝の口演と同様で、妓楼は角海老で演じている。細部の設定で円朝の口演と異なるのは、長兵衛の居住地を本所畳横町、文七の奉公先を横山町の小間物屋和泉屋宇兵衛、元結店の場所を麹町隼町としている点である。本所の地名に畳横町は見当たらず、あるいは達磨横町を誤った可能性もあるか。文七の奉公先は、円朝の口演では白銀町だったが、それが日本橋の本銀町ならば、横山町（現在の中央区日本橋横山町）は地理的にさして離れてはいない。『江戸買物独案内』[32]（文政七年刊）によれば横山町には小間物問屋・小間物卸が都合六軒あり、『東京買物独案内』[33]（明治二三年）にも横山町の小間物問屋が四軒掲載されている（四軒のうち近江屋天野源七は『江戸買物独案内』に載る小間物卸近江屋源七のゆかりの店と思われる）。つまり「横山町の小間物屋」も東京に地続きの観のある〈江戸〉であった。元結店の場所を麹町隼町とすることも、円朝が麹町六丁目としていたことと大きくは変わらない。

『輪講 文七元結』の六代目三遊亭円生（一九〇〇～一九七九）の談によれば、円朝の「文七元結」は四代目円生（一八四六～一九〇四）に継承され、それが三遊一朝（一八四七／四八～一九三〇）から五代目円生に伝わったという。五代目円生の口演(34)（大正七年〈一九一八〉）において円朝の口演と設定が異なるのは、妓楼を佐野槌、文七の奉公先を横山町の鼈甲問屋、元結店の場所を麹町貝坂とする点である。横山町の鼈甲問屋については、『江戸買物独案内』に横山町の鼈甲櫛笄問屋上総屋伝兵衛の名があり、『東京買物独案内』には鼈甲を扱う横山町の問屋として上総屋江川金右衛門と上総屋木原伝兵衛の名が見え、この二軒は『最近東京市商工案内』(35)（大正一〇年）の鼈甲の項にも掲載されている。いずれも近世の上総屋伝兵衛のゆかりの店であろう。したがって「横山町の鼈甲問屋」は前述の「横山町の小間物屋」と同様に考えてよい。麹町貝坂は麹町平河町四丁目辺りにあり、元結店を麹町に設定する点は円朝・円右の口演と共通する。

五代目円生の口演で注目されるのは、情景の描き方に、円朝の口演に通じるものが認められることである。文七が助けられた翌日に主人の供をして達摩横町へ行く場面を比較してみよう。

> 文七が包みを持《もッ》て旦那の跡へ随《つい》て観音さまへ参詣を致し　彼《あ》れから吾妻橋へ掛《かゝ》りました時に文七は「ア、昨宵此処《ゆふべこゝ》ン処《とこ》で飛び込まうと為《し》たかと思ふと悚然《ぞッ》とするネ、／と云ひながら橋を渡ッて参りました（円朝「文七元結」）

旦那は文七を供に連れて、横山町の店を出まして、蔵前通りをまっすぐに来て、あれから吾妻橋へかかりましたが、／「文七早く歩きな」／「へい……(川面を見おろして)おそろしい渦をまいてらァ、すごいところだ……」／「何をしているんだ、早く歩きなよ」／「へい……」(五代目円生「文七元結」)

文七は吾妻橋を渡りながら川面を見て、昨夜は感じなかった恐ろしさを感じている。短い場面だが、心境の変化が表現された秀逸な描写であると思う。なお、この場面は昭和の落語家の口演にも受け継がれている。[36]

保存される〈江戸〉

五代目円生と同世代の落語家である四代目柳家小さん(一八八八〜一九四七)の聞書に、次の一節がある。[37]

円右が〝文七元結〟で、一般に分るやうにするつもりかなんかで、あれを角海老にして話をすると、すぐ蕉雨さんからあれは絶対に佐野槌でなくツちやアいけないとダメが出て、これが批評家ばかりぢやなく、出演者の連中からも御尤もと忽ち共鳴される。／尤も円右といふ人は、二年のものを三年といつたりして、そんな点は至つてぞろツぺえなはうでしたが、そんな事で、すぐち

やんと以後は佐野槌と改めてやるといったやうなわけで

妓楼を角海老にすることが一般(の聴き手)にわかりやすくする工夫ととらえられていたことがわかる。佐野槌でなければならない理由は説明されていないが、妓楼を佐野槌に固定する流れができてゆく様子がうかがわれる。

六代目三遊亭円生は子どもの頃、五代目円生が一朝に「文七元結」を稽古してもらっているときに一緒に聞いて覚えていたという[38]。その六代目円生口演「文七元結」[39](一九六二年)は、多くの部分が前掲の五代目円生の口演と一致している。「輪講 文七元結」において飯島友治氏は「古典落語の場合は原作に不合理なところがあれば別ですが、名前なども変えないですむものは、なるべくそのままにしておいてもらいたいですね」と述べており、この頃には「文七元結」を古典落語として変えずに演じるという考え方も生まれていたようである。それは作中の〈江戸〉を、ある時点での演じ方のままに保存するということを意味しよう。

「輪講 文七元結」には飯島氏と六代目円生の次のような会話もある。

㊙「長兵衛の江戸ッ子気質は随処に出ていますが、特に大詰め近くのヤリトリには、それが強く現われていますね……」

㊐「この噺で近江屋が長兵衛へ金を返そうというのを、咽喉から手が出る程ほしいのを、いら

ないと言って突返えす《ママ》、女房が後ろから引張るところ、江戸ッ子の見得坊な負けおしみの強いところを現わした、なんとも言えない…江戸ッ子でなけりゃァその心意気の解らない、味のあるいいところだと思います、段々そういう江戸ッ子もなくなりましたが」

文七の主人が金を返す場面で、長兵衛（さん馬の口演では正作）は一度やった金を返してもらうわけにはゆかないと言い張る。この場面はさん馬、円朝、柳枝、五代目円生の口演に共通して見られる。さん馬の口演には、正作が文七に金を与える場面で「江戸子」を自称し、文七が「江戸の者」を自称する、次のような会話もある。

正「又奇体《またけたい》ナ奴《やつ》だナ。巳《をれ》も江戸子《えどツこ》だぜ。遣《や》ると云ひ出したら何処《どこ》までも遣るぜお前《めえ》へ」
文「私も江戸の者で御座《ござ》います入《い》りませんと申したら何処までも入りません」

正作は一度やると言った金を引っ込めるわけにはゆかないといい、文七の方も金をもらうことを断っている。金に執着しない態度と強情さという点で、両者には同じ気質が見てとれる。「文七元結」は江戸っ子気質の町人たちのドラマだったことに改めて気づかされる。「江戸ッ子」という題のもとに「三方一両損」と「文七元結」を組み合わせ、由来譚の形をとらずに演じた柳枝の口演は、この噺の本質を端的に示しているといえよう。

関東大震災や戦争を経て東京から江戸の面影が失われた現代においても、「文七元結」は人気の演目である。長兵衛の行動や態度だけでなく、妓楼の女将の温情、文七の主人が尽くす礼儀なども、聴き手の心に余韻を残す。(40) 江戸っ子気質という属人的な〈江戸〉と、明治の東京と地続きの部分をもつ〈江戸〉とが共に保存されている世界、それが現代の私たちが聴いている「文七元結」なのかもしれない。

〈付記〉本稿は『円朝全集』第七巻(岩波書店、二〇一四年)の後記「文七元結」にまとめた内容をもとに、その後の調査で得た知見を加えて執筆したものである。江戸の地名については浜田義一郎監修『江戸文学地名辞典』(東京堂出版、一九七三年)を参考にした。

(1) 五代目三遊亭円生口演「文七元結」の初出は『三遊亭円窓落語全集』三芳屋、一九一八年。『〈名人/名演〉落語全集』第六巻昭和篇1(立風書房、一九八二年)による。一九一八年当時の芸名は三遊亭円窓。本稿では五代目三遊亭円生で統一する。

(2) 山崎清吉・山崎信子『〈改訂/増補/詳解〉婦人結髪術』東京婦人美髪学校出版部、第六版、一九二五年。国立国会図書館デジタルコレクション。

(3) 田中市之助『おつくりの栞』柳屋本店、一九一三年。国立国会図書館デジタルコレクション。

(4) 『日本随筆大成』新装版第一期第一八巻、吉川弘文館、二〇〇七年。

(5) 『新撰東京名所図会』第二八編(臨時増刊『風俗画報』二二六号)東陽堂、一九〇一年二月。

(6) 『楓川鎧之渡古跡考』(『楓鎧古跡考』)は一枚物。地図に古跡の考証を記す。『こんな本があった!——岩瀬文庫平成悉皆調査中間報告展10』(西尾市岩瀬文庫、二〇一三年)参照。

（7）『類柑子』「北の窓」に拠る記述。『宝井其角全集　編著篇』勉誠社、一九九四年。
（8）『本朝世事談綺』「撲元結」に拠る説。『日本随筆大成』新装版第二期第一二巻、吉川弘文館、一九九四年。
（9）文七元結に関する説は『守貞謾稿』（喜田川守貞、天保八〜慶応三年〈一八三七〜一八六七〉成）や『嬉遊笑覧』（喜多村筠庭、文政一三年〈一八三〇〉序）等にも記されている。磯部鎮雄「文七元結考・その他」（窪田孝司編『円朝考文集』第四、円朝考文集刊行会、一九七二年）に指摘がある。
（10）延広真治「講談速記本ノート（五）——江戸ッ児気質」『民俗芸能』一九八一年一一月一九日。中込重明「「文七元結」——身投げを止めるはなし」『落語の種あかし』岩波現代文庫、二〇一九年（原著、岩波書店、二〇〇四年）。倉員正江「「陰徳延命」説話の展開——中国説話と浮世草子・舌耕文芸の影響関係に及ぶ」長谷川強編『近世文学俯瞰』汲古書院、一九九七年。
（11）近藤瑞木校訂「聞書雨夜友」『初期江戸読本怪談集』江戸怪異綺想文芸大系第一巻、国書刊行会、二〇〇〇年。
（12）桂庄治郎口演・円山平次郎速記『〈文七／元結〉情話之写真』駸々堂、一八八七年。国立国会図書館所蔵。倉田喜弘氏よりご教示を賜った。序文から翁家さん馬口演と判断される。
（13）「文七元結」注解「達摩横町」の項、『円朝全集』第七巻、岩波書店、二〇一四年。
（14）東京市役所市史編纂係『東京案内』下巻、東京市役所蔵版・裳華房発売、一九〇七年。国立国会図書館デジタルコレクション。
（15）伊坂梅雪編『五代目菊五郎自伝』先進社、一九二九年。国立国会図書館デジタルコレクション。
（16）中込重明「「文七元結」——身投げを止めるはなし」（前掲注10）。
（17）『日本随筆大成』新装版第一期第六巻、吉川弘文館、一九九三年。
（18）三遊亭円朝口演、酒井昇造速記「文七元結」の初出は『やまと新聞』一八八九年四月三〇日〜五月九日。『円朝全集』第七巻（前掲注13）による。
（19）旧常陸水戸藩主徳川氏の住所は『〈新調／更正〉華族名鑑』（編輯兼出版人彦根正三、一八八七年）では東京府

本所区新小梅町一番地。『華族名簿』(大正六年三月三一日調、華族会館)では本所区新小梅町一。『華族名簿』(大正一三年五月三一日調、華族会館)では市外の下渋谷。いずれも国立国会図書館デジタルコレクション。

(20) 大日本震災調査会編『〈振天/動地〉大震災史』帝国講学会、一九二三年。国立国会図書館デジタルコレクション。

(21) 三代目春風亭柳枝口演、尾張捨吉郎・斎藤貞五郎速記「江戸ッ子」の初出は『都にしき』一〜三号、一八九六年一月一六日・二月三日・二月一八日。『〈口演/速記〉明治大正落語集成』第五巻(講談社、一九八〇年)による。

(22) 「輪講 文七元結」(六代目三遊亭円生『円生全集』第七巻、青蛙房、一九六二年)に「人によっては長兵衛の住まいを他の横丁にしていますが、これは昔、三遊・柳と二派に分かれていた時分に、三遊派が達摩横丁を使っていたので、別の名称をというように……その名残りでしょう」とある。柳派は春風亭・柳亭・柳家などを名のる一門。

(23) 市古夏生・鈴木健一編『江戸切絵図集』新訂江戸名所図会別巻1、ちくま学芸文庫、一九九七年。

(24) 文化六年春・文政九年秋・天保三年秋・天保一一年秋の吉原細見は江戸吉原叢刊刊行会編『江戸吉原叢刊』第7巻(八木書店、二〇一一年)による。

(25) 「口絵及各篇解説」『円朝全集』巻の十三、春陽堂、一九二八年。

(26) 所見の吉原細見は次の通り。天保三年秋、天保一一年秋、嘉永元年秋、安政五年春、明治五年春(以上いずれも前掲注24『江戸吉原叢刊』第7巻)、明治三年春(早稲田大学図書館所蔵本、古典籍総合データベース)、明治一〇年五月『吉原細見廓の賑ひ』、明治一七年五月『全盛故郷便覧 一名新吉原細見記』(以上いずれも国立国会図書館デジタルコレクション)。

(27) 香蝶楼国貞の遊女絵に「新吉原京町一丁目角海老屋内」の遊女艶・大井・大廓を描いた三枚続きがある(国立国会図書館デジタルコレクション)。艶・大井・大廓は天保一一年秋の吉原細見(同右)に海老屋(海老屋吉蔵)抱えの呼び出しとして載る。

（28）『新吉原画報』（『世事画報』臨時増刊第一巻第四号）温古堂、一八九八年九月。槌田満文監修・編集『新吉原画報・劇場図会――『世事画報』増刊』（ゆまに書房、二〇〇三年）による。
（29）吾妻橋は明治一八年に洪水の被害を受け、明治二〇年に再建された。
（30）『情話之写真』は大阪での口演を速記したものであり、それが作中の設定に影響しているかどうかは検討の余地がある。
（31）初代三遊亭円右口演、今村次郎速記「文七元結」の初出は『文芸倶楽部』一三巻一三号、一九〇七年二月一日。『〈口演／速記〉明治大正落語集成』第六巻（講談社、一九八〇年）による。
（32）中川芳山堂撰『江戸買物独案内』文政七年（一八二四）。国立国会図書館デジタルコレクション。
（33）上原東一郎撰・発行『東京買物独案内』一八九〇年。国立国会図書館デジタルコレクション。
（34）前掲注1。
（35）東京市役所庶務課編『最近東京市商工案内』工業之日本社、一九二一年。国立国会図書館デジタルコレクション。
（36）六代目三遊亭円生口演「文七元結」『円生全集』第七巻（前掲注22）、八代目林家正蔵口演「文七元結」『林家正蔵集』上巻（青蛙房、一九七四年）、三代目古今亭志ん朝口演「文七元結」『志ん朝の落語2』（ちくま文庫、二〇〇三年。口演は一九八二年）など。
（37）安藤鶴夫「小さん・聞書」『落語鑑賞』苦楽社、一九四九年（目次では「柳家小さん・聞書」）。『〈名人／名演〉落語全集』第六巻昭和篇1（前掲注1）の演目解題で紹介されている。
（38）「輪講　文七元結」（前掲注22）。
（39）六代目三遊亭円生口演「文七元結」（前掲注36）。
（40）須田努氏は「文七元結」を貫くテーマとして親子の愛情、江戸っ子の意気（粋）、人情を挙げている（須田努『人をあるく　三遊亭円朝と江戸落語』吉川弘文館、二〇一五年）。

5　はるかなる「落語国」をさがして

——落語のフィールドワーク

田中　敦

はじめに

「落語は生き物だ」とは、よく聞く言葉だ。決まりきったテキストを高座で暗唱するのではなく、聴衆の反応を感じながら演者が柔軟に演じ方を変えてよいのが落語であり、演じ方を変えられるのが演者の腕前だという矜持を示したものだろう。また、落語家が新しい演目を演じる際には、先達から稽古をつけてもらい、口演を許されたのちに演じることができるという決まりがある。口伝によって、時代を経て一つの噺が受け継がれていく。さらに、次の演者によって新たな工夫がほどこされ、演者の芸風や世相に合ったかたちに内容が微修正される。変異を伴いながら、次世代へと個体が再生産される。こんな点も、落語が「生き物」であるという一つの表れになる。多くの演者を得て勢力を伸ばしている種《ネタ》もあれば、演者を失って絶滅に瀕している種もたくさんある。

具体例をあげよう。「花見酒」「首提灯」「五人廻し」「石返し」「なめる」。いずれも、最近の寄席で、ほとんど口演されない演目になる。どれも聴いたことがある、そんなはずはないと思われるかもしれないが、二〇〇一年から八年間、寄席の新宿末廣亭で口演数を集計した結果だ。(1)「犬の字」「耳じがじが」「我来也《がらいや》」「乞食の遊び」「名画の虎」。これらの落語を知っている方は、かなりのマニアだろう。戦前に発行された演芸雑誌や速記本のページをめくってゆくと、こんな珍しい演目にも出会える。(2)

本稿では、時代に歩調を合わせて変化してきた落語が、時代のくびきから離れたときに「落語国」が生まれた過程と、演目の東西交流において、演者と聴衆の共通認識になっている地名が果たす役割について記したい。

一　落語速記をたどる——「落語国」の誕生

明治一七年(一八八四)の『怪談牡丹燈籠』の出版以降、常に新しい読みものを求める読者と出版者の要求に応えるように、数多くの書籍・雑誌に落語速記が掲載されている。江戸期から寄席で演じられていた、気楽に聴ける続き噺(たとえば、四代目桂文楽の人情噺(3))は旧弊なものとして遠ざけられ、より開化の気風に満ちた、「今」を描いた作品が多くなってきた。その旗頭ともいえるのが三代目(俗に初代)三遊亭円遊で、「野ざらし」や「船徳《ふなとく》」をくすんだ色合いの噺から明るい滑稽噺に改作した功績者である。一方、ストーリーと関係のない開化風俗をむやみと放りこむことも多かった。今、その速記を読もうとしても、小骨の多い魚のように、どうにも口当たりの悪いものとなっている。地方から東京に流れてきた明治の新市民にとって、情緒纏綿《てんめん》たる江戸の人情噺がわからなくても、手首を鶴のように曲げて振る円遊の珍妙なステテコ踊りや、くすぐり沢山の落語は、予備知識なく楽しめたろう。当時はまだ、町に出れば、風呂敷を首に結んだ「定吉」がお使いに歩いている姿が見られたし、長屋のおかみさんたちは文字通り井戸端会議にいそしんでいた。落語が描く世界は、その当時の社会そのものといえた。流行にアンテナを張って、世情のアラを語る落語家だからこそ、文明開化、大正モダニズム、エログロナンセンスの流行、太平洋戦争と、その時々の社会状況に合わせて落語を変えてきた。労働人口の増加にともなう郊外へのスプロール現象は、昭和初期の「小言幸兵衛」を、住み慣れた麻布古川(港区)から、阿佐ヶ谷(杉並区)の文化住宅へ追いやってしまっている(佃家銀魚「のろけ幸兵衛」『文芸倶楽部』三六巻三号、一九三〇年)。

ここで、土地、地名が想起させる力について、少し寄り道したい。今は荻窪というとラーメン激戦区、高円寺は若手ミュージシャンや演劇人が住んでいる町という印象だが、荻窪や高円寺は、「浮世《うきよ》根問《ねどい》」で世界の果てのように思われている場所だった(東京大学落語研究会OB会編『柳家小さん集』下巻、青蛙房、一九六七年)。阿佐ヶ谷に文化住宅群や文士村があったことは、歴史のかなたに忘れ去られている。それでは、「上野の花」と聞いて何を感じるだろうか。この一言で、上野公園(台東区)を埋めつくした満開のソメイヨシノの色や匂いまで思い起こさせてくれる。もちろんこれは、上野の花見を経験した人に限られる反応だろう。だからといって、「長屋の花見」の舞台取りを、今さら上野から他の場所に変えるわけにはいかない。サンマの名所は、目黒に限られる。落語が都市の芸であることから逃れられないのと同時に、培われた土地の記憶に強く依存しているからでもある。

ふたたび落語速記に戻ろう。

大正一二年(一九二三)の関東大震災によって、東京の下町は灰燼《かいじん》と化した。その時期に発表された「隣の先生」(梅風亭仙花、『講談雑誌』一四巻七号、一九二八年)では、「野ざらし」になった人骨をヨシの茂る向島から、震災後の火災旋風によって数万人の被害者をだした被服廠《ひふくしょう》あとに移している。しかばねと赤羽とを混同するくすぐりも、被服廠の移転先が赤羽(北区)であったことと暗合している。

昭和六年(一九三一)に満州事変が起きると、次第に戦時下を意識した新作や改作が増えてくる。一九四一年には廓話《くるわばなし》など五三種の禁演落語が本法寺《ほんぽうじ》(台東区)に封印され、戦意高揚のための国策落語が誌上を席巻する。(4) この時期の代表的な落語家は柳家金語楼(一九〇一〜一九七二)だろう。器用な金語楼は、時代の要請に的確に応え、数百の新作落語を書き、一〇冊以上の新作落語集を出版した。曲がったことが大嫌いで、共産党びいきだった林家彦六(八代目正蔵、一八九五〜一九八二)でさえ、「大陸の花婿」「非常時海水浴」などの国策落語を演じている。当時、世間を斜めに見て洒落のめすような語り口は許されなかったろう。「朗らか」や「明朗」というキーワードが、落語に対する免罪符だとばかりに多用された。

一九四四年には雑誌出版物の整理統合が行われ、用紙統制が強化された。演芸雑誌としては、国策に即した『講談雑誌』『講談倶楽部』の二誌が残されるだけとなった。しかし、このころには敗色が濃厚となってきており、もはや落語を誌上に見ることも少なくなっている。

敗戦後の焼け野原を落語が描くことはなかった。戦時中の重圧から解きはなたれた落語界は、翌一九四六年には禁演落語の封印を解いた。世の中の変化に歩調を合わせることから、ノスタルジーに満ちた理想郷に登場人物を遊ばせる方向に舵を切った。ここに「落語国」が誕生した。貧乏はしているが、長屋に住む隣人同士が助け合って明るく生きている。弱いもの、小ずるいもの、足らざるものもいるが、わけへだてなく、それぞれが活躍する場を得ている。今の言葉で言えば、共生社会を仮想空間に実現させていた。

明治期の落語速記に見られた雑味がすっかり濾過され、落語そのものの持つうま味がしっかり残った演出となった。また、聴く人々もそれを歓迎した。ラジオ・テレビを通じて、落語は娯楽の中心に位置することとなった。演者と聴衆双方の指向が一致した幸せな時代だったといえよう。落語の語り口を記録する技術的な改良も行われ、全一〇巻の『古典落語』(筑摩書房、一九六八〜七四年)を頂点として結実した。

今も、美化された「落語国」のイメージは生き続けている。しかし、それは仮想空間であり、現実の江戸東京の姿ではない。電気もガスもない暮らしは、暗く、寒く、しんどい。掃きだめからは饐《す》えた臭いが立ち上り、安心して飲める水は蛇口から出てはこない。患いついても、火事で焼け出されても、社会保障や火災保険があるわけでもない。東京市内に残ったスラムのすさまじさは、当時の潜入ルポや紀田順一郎の『東京の下層社会』[5]を読めば戦慄を覚えるほどだし、地方の衛生状態の悪さは、外国人の見た『日本奥地紀行』[6]に克明に描かれている。それでも、「猫久《ねこきゅう》」のおかみさんはイワシのぬたが傷みやすいことを知っている。「水屋の富」の水屋さんは、彼を待つ人々の暮らしを守るために富くじに当たっても水を届け続ける。「落語国」の人々の抱える現実には、救いが残されている。

それまでにつくられた落語は、「落語国」の誕生によって、「落語国」で演じられ得る古典落語と、新作落語に分けられた。そして、世相と歩調を合わせた落語を提供すべく、今を生きる人々を主役とする新作落語を引きつづき生み出している。背広を着たサラリーマンが、「山田君」「何ですか、課長」と会話するものだ。若者が生みだした流行語があっというまに死語になるように、時代に合わせたつもりの新作落語が、アナクロ(この言葉自体が死語)になるのも早い。そのことを痛感している落語作者は、アンテナをさらに高く伸ばし、新しい落語を生み続ける重荷を背負った。「古典落語もできたときは新作だった」という古典落語批判は、古典化とは逆方向をめざす新作落語の立ち位置からすると、的外れだったと言わざるを得ない。他方、古典落語の演者は(その聴き手も)、ともすれば遠く離れ、次第にぼやけてくる「落語国」を追いかけねばならなくなった。

江戸時代や明治期を舞台とし、古典落語の骨法にのっとってつくられた新作落語である「擬古典」というアプローチもある。良質な擬古典落語は、聴く人、読む者を、するりと「落語国」へいざなってくれる。劇作家宇野信夫の『江戸の夢　人情噺集』(青蛙房、一九六八年)、上方の落語作家小佐田定雄の『茶漬えんま』(コア企画出版、一九八八年)や、擬古典落語を一般公募から編集した『えんぜる夢丸新江戸噺』(三笑亭夢丸著、大友浩編、水曜社、二〇〇六年)などの作品集を挙げることができる。

なお、戦前の新作落語の歴史については作家・演芸評論家である正岡容《まさおかいるる》の論考[7]、新作落語に革新をもたらした三遊亭円丈の新作落語論[8]を参照されたい。

二　落語の移入――土地の記憶

口演回数が増えれば、その演目は次第に聴衆に飽きられ、減った演目には継承者が現れず、やがて忘れ去られる。演目の枯渇を新たな演目で補充することは、明治以来ずっと抱える課題だろう。

新作落語の創作に加え、もう一つの演目補充のアプローチが、落語の移入である。移植元は、講談や浪曲などの他分野の作品(「吉住万蔵」「ねずみ」など)であったり、外国小説など文芸作品の翻案(ディケンズ作「クリスマス・キャロル」、菊池寛作「入れ札」など)であるが、もっとも例が多いのが東京―上方間の東西交流であろう。現在、東京で演じられている古典落語は、意外なほど上方発祥であるものが多い(9)。ここでは、「らくだ」と「そうめん」という二つの例により、落語の移入と定着のプロセスをながめてみたい。

「らくだ」は、三代目柳家小さん(一八五七〜一九三〇)が、京都の噺家である四代目桂文吾(慶応一〜一九一五)から東京に移したものだ(10)。小さんは、「時そば」「宿屋の富」「禁酒番屋」などの落語を上方から持ち帰っている(11)。とりわけ、「らくだ」は、小さんの独壇場ともいえる。『娯楽世界』四巻一〇号(一九一六年)に、「原作」をうたった「駱駝」が掲載されており(『文芸倶楽部』三二巻一号に再掲)、これが移入直後の姿に近いとされている。

上方落語の演出では、「らくだ」とあだ名される乱暴者の死骸を細民の集まる野漠《のばく》(大阪市中央区)の長屋から担ぎだす。空堀《からほり》通りから九之助《くのすけ》橋を西に渡って、堺筋を南下した後、道頓堀に沿って再び西に進み、太左衛門橋を渡ってクランクしてからは真っすぐに千日《せんにち》の火屋《ひや》に担ぎこんでいる。都合二キロメートルほどの道のりである。太左衛門橋のたもとに酔いつぶれた願人坊主が寝こんでいる自然な設定だ。小さんは「らくだ」を東京に移植するにあたり、言葉遣いと地理は東京に改めたと述べている。(12)結果として、上方の演出ほど自然なルートにはなっていない。らくだの住む長屋があるのは小石川(文京区)あたりで、目白から南に向かい、砂利場《じゃりば》(豊島区)を通って姿見橋(面影橋)で神田川を渡る。西へ曲がって高田馬場(新宿区)を抜け、土橋を渡って突きあたったところを右に曲がって、落合の焼場《やきば》へ死骸を担ぎこんでいる。歩いた距離は上方の約三倍、七キロメートルにも及ぶ。

『文芸倶楽部』一一巻一四号(一九〇五年)には、同じく小さんの「駱駝」の速記が載っている。らくだの髪の毛をむしって坊主にする件《くだり》を剃刀でそるように改めるほか、東京人の好みに合わせて演出は少しずつ変わっている。その後は、五代目古今亭志ん生(一八九〇～一九七三)、六代目三遊亭円生(一九〇〇～一九七九)、立川談志(一九三五～二〇一一)など、多くの演者に受け継がれているが、落合の焼場にらくだを担ぎこむところは共通している。

「はじめに」にあげた「五人廻し」は、吉原で振られる五人の客を描く廓噺《くるわばなし》だ。かつては、実際に遊廓で振られたことのある寄席の客が、「五人廻し」の男たちを自分の姿に重ねて、大いに受けたという。遊廓がなくなって六〇年以上になる。実体験のない演者では、絵空事を語っているとしか感じられない。そのため、「五人廻し」の口演数が少なくなったのだろう。ところが、五代目志ん生が語ると、江戸の噺でも実際にその場にいたのではないかと錯覚させる。つまり、演者に対する信頼が、噺の信憑性につながっている。

演者に対する信頼性に加えて、演目や場への信頼性も考えられる。「王子の狐」という落語は、もとは上方の「高倉狐」を移植したものだという[13]。王子稲荷（北区）の裏山に今も狐の穴が祀られていたり、地元の方が大晦日に狐の行列を催していたりする。歌川広重の浮世絵「王子装束ゑの木大晦日の狐火」にも狐の姿が描かれている。これらのことが積み重なり、王子と狐は確実に土地の記憶に結びつけられている。「王子の狐」が「東京の落語」としての信頼を得ている。その要因の一つには、王子という場に信頼があるからである。

子ども向けだからと、地名を削った落語集がある。その結果、誰にでも通じる普遍性を手に入れた代わりに、噺を際立たせる個性と演目への信頼を失った。このようなアプローチを押し進めれば、殿様の御膳に供されたサンマのように、味気ない「落語の洗い」をつくりだすだけになる。

地名は、共通認識に基づくイメージを想起させるだけではない。「紋三郎稲荷」という落語では、稲荷の使者のふりをした男が、「王子、三囲《みめぐり》、袖摺《そですり》、九郎助《くろすけ》の方へ急用」があると話す。噺の味わいを深める大事な表現だ。聴いている人が、すべてを知っていなくても構わない。ご存じの王子稲荷を起点に、ドミノの駒が倒れるように、すべて江戸の名高い稲荷だと理解される。さらに、この経験があると、後に「二階ぞめき」の吉原までのルート説明で「袖摺稲荷」の名前を聞いたとたんに、あのときの「袖摺」だとつながることになる。噺が重畳する「落語国」ならではの、聴くほどに得られる伏線回収体験だ。

「地獄めぐり」という落語がある。針の山に血の池。細部は違っていても、多くのひとが思い描く地獄の姿は似かよっているだろう。しかし、実景は誰も見たことがない。「落語国」のイメージについても、各人の経験、年齢、出身によって似て非なるものなのは当然だ。与太郎・八っつぁん・熊さんといったキャラクター、王子・目黒・吉原といった地名、初午・野駆け・酉の市といった行事、今は失われたしきたりなど、さまざまな要素が「落語国」の解像度を上げる働きをしている。「落語国」では、与太郎さんも八っつぁんもニアミスするように忙しく動き回りながら、落語作品を紡ぎあげている。その結果、一つの土地でも、複数の落語が重層しており、それが落語の聴き手としての土地の記憶＝「落語国」像を鮮やかにしている。たとえば、日本橋の長谷川町（中央区）には、「派手彦《はでひこ》」の坂東お彦の稽古場もあれば、「百川《ももかわ》」の歌女文字《かめもじ》師匠、「天災」の紅羅坊名丸《べにらぼうなまる》先生も暮らしている。すれ違えば会釈し合う仲かもしれない。

もう一つの実例、珍しい落語の「そうめん」に話題を移そう。大食い自慢の八五郎の鼻をあかしてやろうと、八五郎の姐御が大和の名物丈長素麺を折らずに長いまま茹でて待っていた。「素人は素麺を全部汁につけちまうが、本当は水を切って先の方だけつける」と、薀蓄《うんちく》をたれながら素麺を持ち上げた八五郎、あまりの長さに立ちあがったのだが端が顔を出さない。しまいには箸を持ったまま二階に上りはじめた。「いったい汁は何寸つけるんだい」「こう長いときは、寸法はいらねえから、刷毛《はけ》でなすっておくんなさい」。

雑誌『東京』（四代目柳家小三治「素麺」、一九二五年）や『糧友』（六代目橘家円蔵「丈長素麺」、一九三四年）

など、数種の東京系の速記が見つかる。これも上方発祥の落語で、もともとの落ちは前述のあらすじと違っている――あまりに素麺が長いため、二階に上ったところバランスをくずして階段から転げ落ちてしまう。残った素麺が白い滝のように垂れ下がった。これを見て、「箕面《みのお》の滝みたいやな」「道理でいっぺん腰をうった[14]」――となる。箕面の滝（大阪府箕面市）が、かつて中段にある岩棚にぶつかって二段になっていたことを踏まえている。「蛇含草《じゃがんそう》」という上方落語でも、いっぺん額にバウンドさせて口で受ける餅の曲食いを、「箕面の滝食い」と呼んでいる。

　紅葉の天ぷらや野猿で有名な箕面の滝は、関西人にとってなじみの行楽地だ。「そうめん」を東京へ移す際には、別の滝に置きかえるわけにもいかず、ストーリーを修正せざるを得なかった。一方、上方での「そうめん」の演者は四代目桂文枝（一八九一～一九五八）で絶え[15]、速記も残っていない。当代桂文我は、四代目小三治の速記を参考に「素麺喰い」を復活させた[16]。いわば、上方落語の逆輸入になる。東京系の演出も取り入れつつ、サゲは箕面の滝としている。この地名が、上方落語「素麺喰い」を構築する要石《かなめいし》になるのだ。たとえ実際の箕面の滝の姿が変わっていたとしても、「蛇含草」のなかで、いっぺん腰を打つ箕面の滝は、「落語国」の共通認識になっているからである。

　最後に、演者を失い、滅んでしまった落語の復活について述べたい。この場合、速記が利用される。今は演じられない落語でも、速記本の中では生きており、後代の演者が揺り起こすのを待っている。落語の復活は、博物館の標本から生物個体を復元する『ジュラシック・パーク』のような仕事だ。切れかけた口伝の連鎖を、遺伝情報としての地名がつなぎ止める働きをする。

本節の冒頭に書いたネタの枯渇が、取り越し苦労だと思わせる活動として、当代の柳家小満《こま》ん、桂文我の東西二名による膨大な個人集[17]を挙げたい。二〇二二年末現在、小満ん個人集は四三巻五六四席を収め、文我個人集は六巻一一二席であるものの、総計七〇〇席を計画しているという。「はじめに」にあげた「犬の字」「耳じがじが」といった落語も、過去の速記を再構成し、復活を果たしている。

三　落語のフィールドワーク

フィールドワークというと大仰に聞こえるが、つまるところ落語散歩だ。これまでの落語体験と照らし合わせながら、土地の記憶を五感で感じつつ、重層化した「落語国」を自分の足で歩くことだと言いかえて、江戸・東京を舞台とした二つの噺の実踏例を紹介する。

「禁酒番屋」

夏目漱石が『三四郎』のなかで、「小さんは天才である。〔中略〕今から少し前に生れても小さんは聞けない。少し後れても同様だ[18]」と、三代目柳家小さんについて書いているのは有名な話だ。ありがたいことに、SPレコードに小さんの「高砂や」「千早振」「うどんや」などの落語が吹きこまれており、その芸の一端にふれることができる。「禁酒番屋」については、雑誌『百花園』に載った速記が復刻されている。

小石川新坂《しんさか》に安藤と言う小さい旗本がその以前ございましたが〔中略〕主人が大の御酒家《ごしか》でございます。その大酒飲みで、ために若い内からお相手すると家中《かちゅう》一統が残らず大酒飲みで、酒乱《しらん》の奴が幾等《いくら》も有るのでございますから、酔つた末に毎日毎日暴れる〔後略〕

三代目柳家小さん「禁酒の番屋」『〈口演／速記〉明治大正落語集成』第四巻、講談社、一九八〇年

そこで、屋敷の入口に、空港にあるような荷物検査所をもうけた。名づけて禁酒番屋。どうしても寝酒が飲みたい侍が、いくら金がかかってもいいからと、出入りの酒屋に頼みこんだ。はじめは、カステラの折に徳利をしのばせ、水引までかけて進物に見せかけて関所を通そうとしたのだが、あまりの箱の重さにバレてしまった。改め役の番人が、

「何じゃそれは！」

「へい。新作の水カステラでございます」

「水カステラぁ。役目の都合じゃ、中身を改める」

湯飲みについで、クイッ、クイッ。実にうまそうだ。

「下がれ！　ここな偽りものめ～」

水カステラで失敗した酒屋の小僧さん、今度は油徳利に酒を入れて番屋を突破しようとしたが、これも全部飲まれてしまう。三度目は仕返しに小便を詰めて持ちこんだ。この小便を飲むか飲まないか。代々の小さんは飲まない。きわどいところで、芸の品格がきまる。

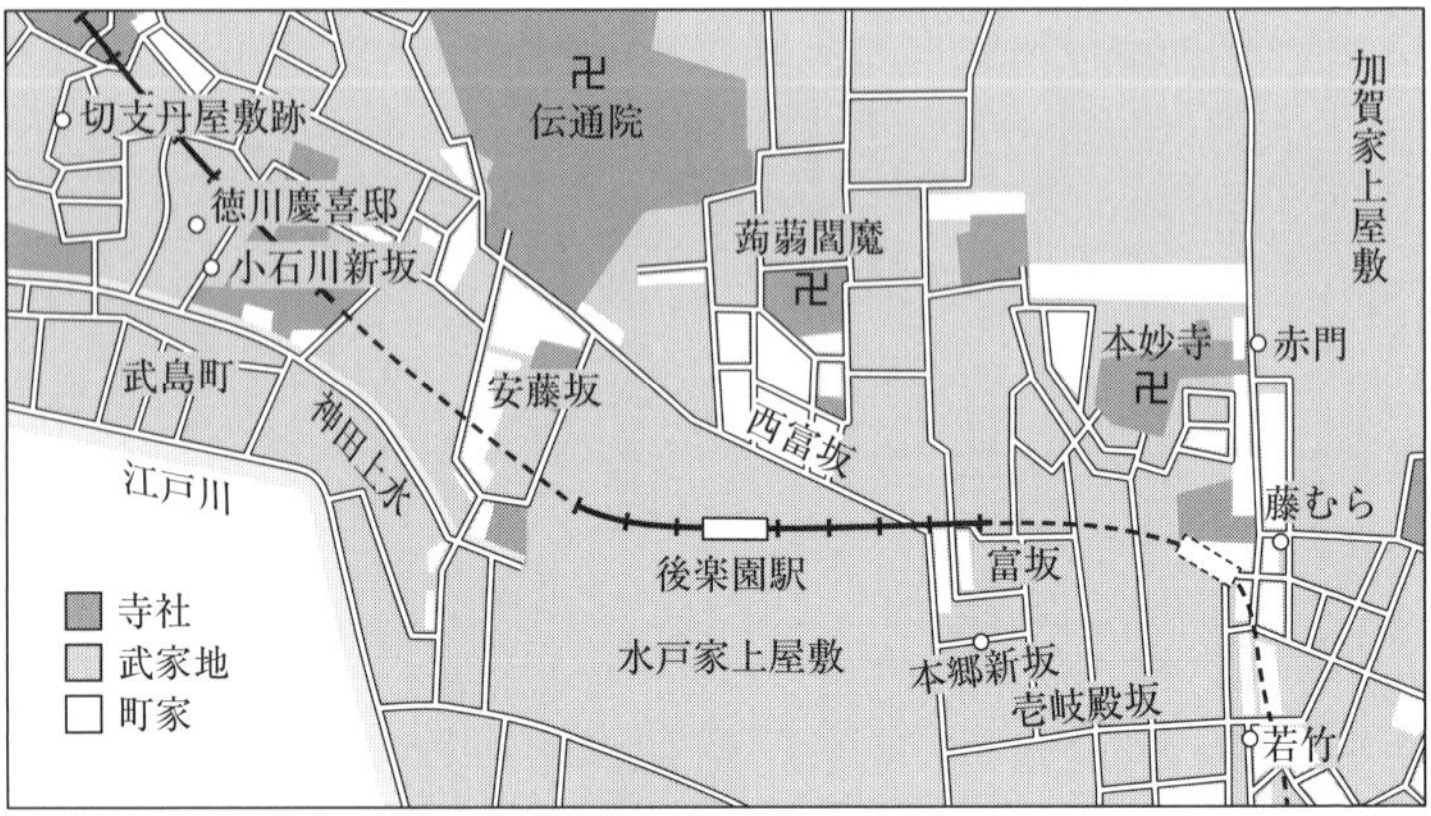

図5-1 「禁酒番屋」の「新坂」近辺

禁酒番屋は新坂にある。新しくできた坂に適当な名前がないときには、新坂とつけられることが多い。新坂という名前の坂は、文京区内だけでもあちこちにあるが、いったいどの「新坂」だろう。酒にすりかえたカステラを本郷の老舗菓子舗、藤むらで買ってきているので、本郷近辺のようにも思える。世の中は広いもので、今では九州ではカステラを模した箱にはいったカステラサイダーが売られている。水カステラと呼んでいいほど、ひたすら甘い。

本来は、何もつかない「新坂」だが、本郷新坂、小石川新坂と区別して、江戸切絵図をもとにお手製の地図を描いてみた(図5-1)。スケールも方角も正確ではない。この作業を自分でやってみると大変なことがわかった。地図をみると気づくように、山手地区のほとんどが武家屋敷や寺社の境内で占められていて、町人が住むスペースのなんと少ないことか。特に広いのは、落語「十八檀林」の一つ伝《でん》通院《づういん》と、「孝行糖」の水戸家の上屋敷だ。水戸家の上屋敷跡は現在、東京ドームシティや小石川後楽園になっている。

新坂探しには、敷地内にあたる後楽園駅からスタートするのが便利だ。

二〇二二年一一月二七日(日)、地下鉄丸ノ内線の赤い車輛は、地上に飛び出すと後楽園駅の高架ホームに着いた。まずは本郷の方へ回ってみよう。壱岐殿坂は、現在、壱岐坂と呼ばれている。新坂は壱岐坂に平行して一本北にあたる。新坂の別名は外記坂《げきざか》という。江戸切絵図にも坂の北側に、旗本の内藤外記の名前がみえる。今は、壱岐坂をななめに分断する形で、だだっ広い新壱岐坂が貫いているため、ちょっと気づきにくい隠されたような場所になっている。脇へ追いやられたような新坂の上り口は三〇段ほどの階段で、車は通れない。ここに立つ文京区の説明板によると、石川啄木、斎藤緑雨、内藤鳴雪らの文人が住んでいたとある。安価な鳥熊の芝居がかかった本郷の春木座、寄席の若竹にも近かった。若竹は、東京一といってもいいほどの寄席だったが、関東大震災で廃業になった。

階段を上った先も一〇〇メートルほどだらだらと上り坂が続いている。ビルにはさまれた微傾斜では、散歩の味わいは少ない。やはり気持ちのよいのは石段のところだ。坂上に登ると、遊園地から、コロナ禍のマスク越しの歓声が聞こえてきた。後楽園駅を発車した地下鉄が、本郷台に掘られた眼下のトンネルにふたたび突っこんでいった。

次は小石川新坂へ向かおう。二つの坂は、うまいこと都バスが結んでいる。東富坂(旧富坂)で乗ったバスは、坂をいったん下り、再び富坂(旧西富坂)を登る。上がったり下がったり、坂の名前とともにややこしい場所だ。伝通院前で、ぐっところげ落ちるような斜度をもつ安藤坂を左に見て、目的地の新坂の上に出た。

小石川新坂は、はじめはゆったりと、丸ノ内線の堀割を過ぎると急な下り坂となる。坂の西側は、静岡、巣鴨と移り住んだ一五代将軍徳川慶喜が、最後に落ち着いた場所になる。堀割を見おろす場所に、大きなイチョウの木が一本残っている。これが当時のなごりだ。こちらの方の別名は今井坂という。木曽義仲四天王の一人、今井兼平の名にちなむ兼平桜と呼ばれた桜の樹があったための名だ。

ふたたび江戸切絵図を見てみると、小石川の新坂の東には、安藤治右衛門の名前が見つかった。速記と同じ安藤殿。本郷新坂の方が雰囲気はよかったが、どうも分が悪い。

坂を下りきったところは、神田上水の跡になる。くねくねと地形のままにひかれた水道が今の道路となり、丘へとつながる何本もの坂が現れるため、地図がないとたちまち道に迷ってしまう。

新坂を下りた先は、明治になって武島町《たけしまちょう》となった。「金魚のお目見得」という珍しい落語に出てくる地名だ。金魚屋が武島町を歩いていると、池から飛びだした赤い金魚を拾う。水道の清らかな水が流れているゆえの連想だろう。たしかに、町内には紙すき工場もあった。丸っ子と呼んで丹精こめて育てていると、ある日、ひらひらとした赤い尾びれのような着物を着た娘が現れた。素性を聞くとあの丸っ子だという。この娘をさっそく柳橋の芸者に売りこむという滑稽噺。

どこかで聞いたことがある話だと思われた方もあろう。室生犀星の『蜜のあはれ』という作品で、二〇一六年には映画化もされている。真っ赤な金魚が人間となって作家と恋に落ちるストーリーは、落語が原作といってもいいほどイメージが重なる。銀座のバーでデートするシーンでは、娘がやけに金魚のことに詳しくて、素性が露見しないかひやひやする滑稽な展開を見せたりもする。

赤いカニが酔っぱらって縦に歩く小噺はあるが、カクテルドレスをまとった金魚娘が酔ったらどうなるのだろう。酒不足の戦時下では、水で割った薄い酒が出回り、金魚が泳げる金魚酒と揶揄された。そういえば、かつて、粉末清酒が話題になったことがあった。酒から水分だけを揮発させ、糖類の膜で包んだものなので、味には多少の難があったのだろう。チョコレートなどに練りこんだりする食品工業用に使われている[19]。開発当初は、登山や釣りなどのアウトドアで使ってもらおうと考えていたらしい。でも、飲んべえはろくなことを考えない。レストランのお冷やのグラスにサッととか、会議の最中に指につけてペロペロなめたりとか、果ては刑務所の舎弟に差し入れとか、「禁酒番屋」ばりの使われ方をしそうだ。思いだしていれば、小石川の酒屋の小僧さんにも一箱送ってあげたかった。

「島鵆沖白浪」

「島鵆《しまちどり》沖白浪《おきつしらなみ》」は、三遊亭円朝（一八三九〜一九〇〇）とならび称される名人、談洲楼《だんしゅうろう》（柳亭）燕枝《えんし》（一八三八〜一九〇〇）の代表作。佐原の喜三郎という実在の俠客の生涯を描いた長編人情噺だ。吉原の遊女大坂屋花鳥が、廓に火をつけて愛人の梅津長門を捕り手から逃がす場面は、極彩色の錦絵を思わせる圧巻だ。その後、三宅島に流された喜三郎や僧玄若《げんじゃく》ら五人の悪党が集まり、島からの脱出を企てる。海上で大嵐に襲われ、船の帆柱は折れ、荒波にもみしだかれる。マゲを切って神仏に祈ったかいがあったか、九死に一生を得て銚子飯貝根《いがいね》の海岸に流れつく。

しかし、史実では、喜三郎は三宅島にも滞在したが、さらに沖の八丈島から脱出している[20]。悪人たちが浪の上の千鳥のように群れ集うさまは、鳥も通わぬと歌われた八丈島では似合わないと考えたのだろうか。三宅島の流人の中では、江戸城大奥を騒がせた江島生島《えじまいくしま》事件の生島新五郎がもっとも名高い。伊ヶ谷港の近くに、尾上梅幸の文字になる真新しい墓石がある。ほかにも、俠客小金井小次郎、春錦亭柳桜《しゅんきんていりゅうおう》「白子屋《しらこや》政談」の白子屋お熊の母親（主犯のお熊は獄門）、円朝の「業平文治漂流奇談《なりひらぶんじひょうりゅうきだん》」でも、主人公の浪島文治郎が三宅島に遠島になっている。

ひとり安仁県《あにあがた》の浜に近き伊豆《いづ》村と言へる所に房庵《ふさあん》と称して念仏三昧の道場あり〔中略〕道場常に繁昌して朝暮《てうぼ》の看経《かんきん》殊勝に聞こえ衣食に事足り非常金も少しは貯《たくは》へゐる程なれば此の三宅島を破る者は必ず茲《ここ》の房庵へ至りて住持を威《おど》し附け路用《ろよう》を奪ふも多かりとか〔後略〕

初代柳亭燕枝「島衛沖白浪」伊東専三編『島衛沖白浪』滑稽堂、一八八四年

『島衛沖白浪』の編者、伊東専三は、東京にやってきた三宅島普済庵《ふさいあん》の池田俊道との面談内容を一章を割いて記している。池田師からの指摘を受け、三宅島の様子が手に取るようにわかったが、燕枝の演出をくずさないよう、大幅な修正は控えるとしている。

東京竹芝桟橋を出港した大型客船橘丸は、三宅島、御蔵島《みくらじま》、八丈島と順に寄港してゆく。三宅島の到着は早朝五時、風向きによって船は、三池、伊ヶ谷、錆ヶ浜のいずれかに入港する。帰りの港がどこになるかも、下船したときにはまだ決まっていない。風まかせの旅は、かなりスリリングだ。人情

噺の流人ではないが、島に来るたび「島抜け」することが頭から離れない。

二〇一八年三月二三日(金)午前五時。夜も明けきらないなか、二台の村営バスが三池港に待機している。置いていかれないようにあわてて行き先を確認し、見当をつけた方のバスに乗りこむと、勝手知ったる島民はすでにあらかた席についていた。運転手は最後の客が現れるのを待っている。遠くに見える橘丸の煙突がピストンのように上下して、視界に入ってはまた消える。こんな揺れの中、よくぞ着岸してくれたものだ。結局、筆者のほかには、釣り人らしい客をあと一人乗せただけでバスは発車した。帰りの船の出港時間までには、この早朝バスを含めて三~四回しかバスに乗れない。つまり、がんばって歩かないと、探訪ポイントを稼げないことになる。

まずは、島南西部の富賀《とが》へ行ってみよう。速記では栂山《とがやま》とか栂大明神として、島北部の大久保の近くにあるように描かれている。地理を間違えたのか、創作なのかは判断できない。バス停そばの交差点に富賀神社の鳥居があった。これをくぐり、参道らしき下り坂の舗装道を歩いても歩いても神社に着かない。五〇〇メートルほど海岸に向かって下りると、ようやく右手奥に小ぶりの白木の社殿が現れた。拝殿までは、スコリアと呼ばれる金平糖のような赤黒い火山噴出物でおおわれている。富賀神社は、三島大明神(事代主命《ことしろぬしのみこと》)とそのお后、子を祭神とする。三宅島でも一、二を争う社格だ。社殿背後のこんもりした山が富賀山で、これも火山噴出物が積もったマウンドに樹木が生えたものだ。拝殿の背後には、壬生宮、剣宮などの末社があり、さらに柵で封じられた階段が山へと続いている。ちらりと見える神明造りの本殿は、富賀山の中腹にあった。

バスが来るまでの待ち時間で、さらに浜の方へ下ってみた。緑濃く分厚い葉を茂らせた灌木や篠竹でびっしりとおおわれた切り通しを回りこむと、まだほの暗い海面から巨大な三本爪が突きでている。思わず息を呑む。三本岳と呼ばれる大野原島だ。下りきった岩場は磯釣りやダイビングのポイントで、ブダイやクマノミ、ハマフエフキなど、南方系の魚が見られるという。路線バスは海岸から離れた周回道路を走ってきたので、はじめて近くで見る三宅島の海になる。溶岩でできた断崖は数十メートルの深さに切れこみ、朝日が差しこむにつれ、澄んだ青い水が真っ黒い断崖に打ちつけられ、白い泡となる。「色問答」の風景、青い黒いが白いなりけりの岩場だった。

次は七時六分の始発バスで伊豆集落に向かった。速記にある房庵は、金を貯えてはいつも泥棒に襲われる悲運な寺に描かれている。周回道路の東側に面した普済院のことだが、門前には何も表示がなく、本堂は木々にかくされているので、うっかりすると見過ごしてしまう。ソテツの葉かげに小金井小次郎の首斬り地蔵がある。斜めに落とされた首が、胴体の前の石の箱にボトリと置かれている。侠客小金井小次郎は、島の若い衆と張り合って、地蔵の首を斬るという仏罰も恐れぬ乱暴をしでかした。普済院の和尚に説諭され、罪滅ぼしに近くの曽利川《そうりがわ》墓地に地蔵尊を建立しただけでなく、流人たちの束ね役になり、治水事業を行ったりした。御一新の大赦で故郷の小金井に戻り、大親分として名をはせた。亡くなったのが明治一四年(一八八一)なので、燕枝などとも同世代。小金井市にある墓の碑文は、円朝の禅の師である山岡鉄舟の筆になる。燕枝自身も講談種の「侠客小金井桜」を『毎日新聞』に連載している。

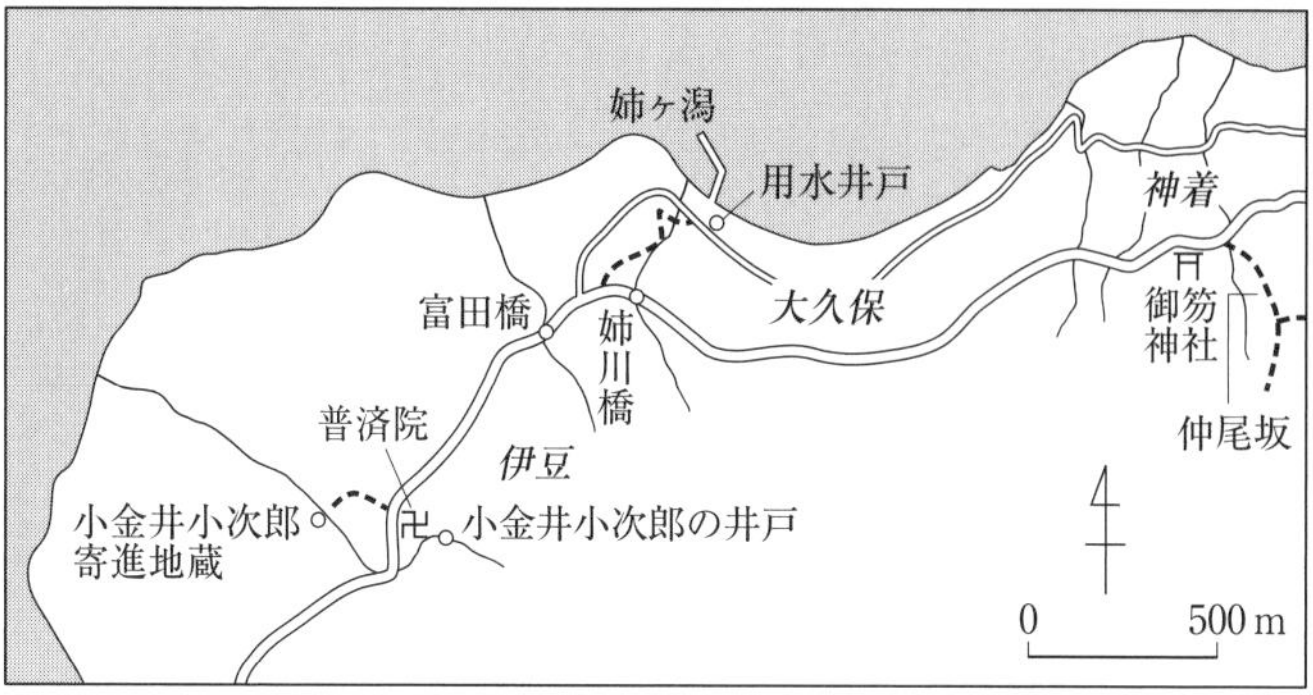

図5-2　三宅島北西部

水の不便な島にあって、利水は命綱だった。普済院から少し山に入ったところに、プールのような四角い貯水池が残っている。工事に力をつくした小金井小次郎の井戸と名づけられている(図5-2)。村民に慕われた小次郎は、円朝の創作した「業平文治漂流奇談」の俠客浪島文治郎のモデルともいえそうだ。

次のバスまで三時間近くあるので、一気に神着《かみつき》集落まで歩いてしまおう。途中で富田川と姉川と、小さな沢を二つ渡った。水がしみこみやすい土質のため、川といっても普段は涸れている。燕枝の速記では「安仁県」、柳枝の速記では「兄輪潟」と書かれているのが姉ヶ潟のことだ。島の人に聞いても覚えていないような地名だが、今の大久保浜の西はずれ、姉川の河口あたりのことを指す。かつては「アンニャガタ」と唱えていたとのことなので、むしろ速記の表記の方が音は近い。

姉川に沿って下る細い道を下りてみた。間もなく車道はつきるが、その先にひと一人通れるほどの杣道《そまみち》が続いていた。「島鵆沖白浪」では、栂山を後ろに控えた大久保に清水があると聞き、病んだ喜三郎が杖をついて浜へ水を求めにゆく場面が描かれている。

足もとをセメントで補強してあるものの、これが大久保浜へ下りる旧道に間違いなかろう。一カ所だけ切り取られた藪のすき間から、近代的な富士見橋や姉ヶ潟にあたる大久保漁港が見下ろせた。つづら折れの崖からは、ぽたぽたと絶え間なく水滴がしたたり落ちていた。

浜で折り返した崖下にコンクリートで囲われた松ヶ下用水の取水口が残っていた。なかをのぞくと、今も黒々とした水をたたえている。何の表示もないが、伊豆村ただ一つの湧水ということだ[21]。沖を見れば、神津島、新島、利島、そして大島までが点々と浮かんでいる。小舟で沖へ乗りだすとしたら、きっとこの島影が羅針盤となったろう。「栂山」の名は、島南部の富賀山の音を借りてはいるが、北の伊豆のことを描いていたとしか思えない。

神着集落の御笏《おしゃく》神社が、速記に出てくる「お百様」にあたる。祭神は事代主命のお后で、末社にもお百様らしいものは見あたらなかった。御笏神社のわずか東、小さな沢に沿った急坂が見つかった。速記では、花鳥の住まいの場所を「姉妹《おととい》川の流れの上中尾坂《なかおざか》の辺」としている。姉妹川の表示はないが、これが仲尾坂《なこうざか》だ。坂を二〇〇メートルほど登ると丁字路にぶつかる。その右手の人気のない児童公園には、元社会党党主で演説中に刺殺された浅沼稲次郎《あさぬまいねじろう》の生家が保存され、右手をあげた氏の銅像が伸びきった植栽の中に埋もれていた。

仲尾坂について訊ねるため、近くの民家のガラス戸をあけ声をかけてみた。上がりがまちの奥の障子が少し開くと、畳に寝ていた老爺が顔だけこちらに向けた。横になったままのお爺さんの声はかすれ、大声をあげても私との会話はかみ合わない。わかったのは、以前、仲尾坂はもっと広い範囲を呼んでおり、稲《いね》さんのところから某所まで続いていた……ということ。稲さんとは浅沼のことだ。東京で議員時代の「沼さん」ではなく「稲さん」という呼び方に、地元の人らしい愛着を感じた。

おわりに

どこの土地にも、そこで暮らしてきた人々の記憶が刻まれている。明治から大正にかけて、土地の記憶の力をうまく利用して、上方で生まれた落語を東京へ移入し、江戸生粋の落語のように噺を磨き上げてきた。そして、近ごろは東京から上方への流れも加速している。一方、聴き手の共通認識に依拠する「落語国」の姿は、放っておけば次第に遠くかすんだものになってしまう。東京を、上方を、もっといえば全国を歩けば、数々の落語の場面に出会うことができる。土地に潜像として記録された落語をたずね、重層化した地層から掘り起こすことは、「落語国」の姿を解像度高く結像させることにつながるだろう。

（1）長井好弘『新宿末広亭のネタ帳』アスペクト、二〇〇八年。
（2）徳利旅「絶滅危惧落語」『はなしの名どころ』(http://www.nadokoro.com/book/endangered_RL.htm 最終閲覧二〇二二年一二月八日)。
（3）桂文楽『雪の瀬川』中礼堂、一八九〇年。国立国会図書館デジタルコレクション（最終閲覧二〇二二年一二月八日）。

（4）柏木新『国策落語はこうして作られ消えた』本の泉社、二〇二〇年。
（5）紀田順一郎『東京の下層社会』新潮社、一九九〇年。
（6）イザベラ・バード著、高梨健吉訳『日本奥地紀行』平凡社ライブラリー、二〇〇〇年。
（7）正岡容「増訂　明治大正昭和　新作落語略史」『寄席行燈』柳書房、一九四六年。
（8）三遊亭円丈『ろんだいえん』彩流社、二〇〇九年。
（9）宇井無愁「上方はなし演題目録」『上方落語考』青蛙房、一九六五年。
（10）山本進「演目解説　らくだ」『〈名人／名演〉落語全集』第四巻、立風書房、一九八二年。
（11）前田勇『上方演芸辞典』東京堂出版、一九六六年。
（12）前掲注10。
（13）前掲注11。
（14）桂米朝「三輪」『米朝ばなし　上方落語地図』毎日新聞社、一九八一年。
（15）同右。
（16）桂文我『桂文我　上方落語全集』第六巻、パンローリング、二〇二〇～二二年（「素麺喰い」は第一巻に所載）。
（17）柳家小満ん『柳家小満ん口演用　てきすと』三六巻・補遺七巻、てきすとの会、二〇一五～二二年。同右。
（18）夏目漱石『三四郎』岩波文庫、一九九〇年。
（19）佐藤仁一「粉末酒（含アルコール粉末）」『日本醸造協会雑誌』第七七号八巻、四九八～五〇二頁、一九八二年。
（20）子母沢寛「佐原の喜三郎」『游侠奇談』旺文社文庫、一九八一年。
（21）下村昇『三宅島流人　小金井小次郎』勉誠出版、二〇〇〇年。

III

長屋噺をめぐるフィクションとリアリティ

6　「長屋」という思想

田中優子

はじめに

なぜ落語では長屋が強調され、長屋がある種のユートピアのように感じられるのか？　落語のシンポジウムを開催したとき、多くのメンバーが「それは実態だったのか、それとも近代人のもつ江戸への幻想なのか」という謎に突き当たった。その謎への関心が本書を作るきっかけだった。

その疑問は、国家とは現実なのか共同幻想なのか、という問いや、家族とは現実なのか共同幻想なのか、という問いと同じなのであろうか。「国家を守るため」といいながら戦争をして国民を死に追いやることや、「家族は大切だ」という宗教団体が平然と家族を崩壊させることなどは、現実に起こっている。そこから見ると、国家や家族は物理的にも法的にも存在しつつ、同時にそれを固い「幻想」が「体裁」としておおっていて、その殻は長い時間を経ている。それゆえ、個々の国民や家族のメンバー、つまり「個人」より、その体裁や幻想の方が優先され、守られることになる。

長屋はしかし、国家や家族とは異なり、暮らしている当人たちは幻想など必要としない。長屋は単なる集合住宅であり、アパートやマンションに共同幻想がないのと同じように、そんなものはない。筆者自身が長屋で生まれ育ったから、それを知っている。しかし、一九九六年に共著書『大江戸ボランティア事情』(1)で「長屋」の項を担当したとき、自分がある種の喪失感を抱えていることがわかった。その喪失感を複数の長屋経験者が抱えているとしたら、それはなぜなのか？　そして、その喪失感が生み出した「物語」を長屋がもっているとしたら、それは確かに落語にふさわしい舞台なのである。

では長屋とともに何を失ったのか？　それを本稿では発見していこうと思う。しかしながら落語は江戸時代に生まれたとはいえ、その物語の構成や人物のリアルな描写などは、明治・大正期に磨き上げられて今日に至る。無論その後も、価値観の変化とともに変わってきた。したがって「江戸時代の」長屋の描写を落語だけでなく、戯作や滑稽本においても、見てみようと思う。

一　長屋はどういうところか

長屋で暮らす人々の生活水準

まず、長屋にはどんな人が住んでいたか、である。長屋暮らしは貧民の生活のように思われているが、すべての住人が貧しいわけではない。現代の映画の中には驚くほど汚い長屋が表現されていることがある。その背景には長屋には極貧の人々が暮らしているという先入観とともに、貧しいことは汚らしいことだ、という近代の誤解があるのだ。

筆者は、貧しさと不潔さは別問題だ、ということを現実生活として知っている。そこには「手入れ」という作業が存在する。例えば江戸時代の長屋を映像で表現するときに、障子がことごとく破れている、という描写をすることがある。これは非現実的だ。ガラス窓があるわけではないので、寒くてしようがない。破れればすぐに紙で塞ぐ。貧者は自分の力でありとあらゆるものを手入れする。着物に穴が開けば別の布を当てて縫う。障子や屏風や襖に穴が開けば、手に入った紙で修理する。着物も汗や垢で汚れれば、肌触りが冷たくなる。だから頻繁に洗濯する。貧者はできるだけ買わない、という選択をしつつ、自分の力でそれを補うのである。そこには特有の美意識があり、時には継ぎ当てが異様に美しく、染め返しが実に粋だ。布や紙や木で暮らしていたからこそ、個々人の美意識をそれなりに表現することができたのである。

貧しくとも創造力をもつ人はいくらでもいた。そして、長屋に暮らす人々の経済力は千差万別である。例えば、文政年間(一八一八〜一八三〇)の大工の生活費がわかっている。当時の社会では職人が不可欠で、特に大工は一般的な職人であるから、今でいえば平均的サラリーマンといっていいだろう。現在の給与生活者と同じような事務職、例えば武士と大店《おおだな》の手代を想定すると、今の生活とは違いすぎる。武家地の小さな一戸建てに住む幕臣も屋敷住まいの藩士も家賃は払っていないが、その代わり服装や髪型に基準があって出費が嵩む。店(企業)の手代は店の中に暮らす者も、世帯をもって外で暮らす者もいて、多様である。それらに比べると職人は手間賃の相場があり、多くは長屋住まいで、服装も自由だ。平均的な生活を知るには好都合である。

その大工だが、文政年間では平均的な年収が銀一貫五八七匁《もんめ》六分だった。親子三人が暮らす四畳半二間程度の家の場合、家賃は年に一二〇匁である。[2] さて換算の仕方である。米価で換算した場合は、時代によって差が出る。その米価は、江戸時代の米価を現在の米価で換算することになるのだが、私たちの生活における米は、食べ物全体の中での比率が低い。つまり生活の仕方が異なるので、生活感覚を反映しているとは思えない結果になる。そう考えて筆者が独自に編み出したのは蕎麦換算だ。かけそば一杯一六文という値段は、ほとんど変わらなかった。現代においても、立ち食い蕎麦屋のかけそばは三〇〇円前後で、むろん店や地域による差はあるが、やはりあまり変わらない。そこで一六文を三〇〇円で換算する、という方法である。

この換算方法で大工の収入を計算すると、年収が約三〇〇万円、月に約二五万円になり、家賃は月に約二万円である。住宅を購入してローンを支払う、という生き方はなかった。家賃が収入に占める割合は、長屋でなくとも現代よりかなり低かった。これだけの年収があれば貧しいとはいえない。ちなみに現在、年収三〇〇万円の収入があると、平均的にいえば手取りは二四〇万円を切る。江戸時代の町人には農民と違って年貢を納める義務はなく、所得税も住民税も社会保険料もないので丸ごと入ってきた。そしてこの年収は、現代日本の二〇代後半の平均年収である。江戸時代なら結婚して夫のみの働きで子ども一人か二人は養えたが、現代日本では夫婦二人で働かないと、難しいかもしれない。

その理由は一つには、住環境への考え方が違うこと、もう一つは教育費に大きな違いがあることだ。現代の住まいでは目的別の部屋がいくつも必要と考える。とりわけ子ども部屋は必須とされる。長屋では子ども部屋の確保は不可能で、そもそもそういう発想がない。しかし本当に子ども部屋は必要なのか？　ちなみに筆者は中学生になるまで自分の部屋がなかった。兄も大学受験直前まで自分の部屋はなかった。しかし二人ともそれなりに勉強し、読書もし、バイオリンの稽古もし、大学に進学した。個室がなくとも、家族が皆で暮らす部屋の隅に自分の机一つあれば、そこが自分の居場所だった。その方が自然だったので、二階屋を新築して個室ができることになったときも、嬉しくはなかった。

また、江戸時代では子どもの教育の仕方は多様だ。例えば寺子屋で学んだあとに丁稚《でっち》に出てしまえば、教育費というほどのものはいらない。しかし一方、女の子に三味線や清元を習わせる、ということも熱心に行われた。そのために月謝は必要であったろう。しかしそれは屋敷奉公などに出るためであり、いわば就職準備であるから、短期間で終わった。

確かにこれは平均的な生活であるから、極貧の人もいたであろうし、低収入に対応した安い長屋もあったはずだ。それは現代のマンション・アパートも同じである。

長屋空間と設備

長屋一軒分の標準は、間口が九尺（二・七メートル）、奥行きが二間《けん》（三・六メートル）から三間（五・四メートル）ほどである。土間に四畳半か六畳の部屋がついている。二階つきの長屋もあるが、階段室のスペースが取れないので、二階の床に穴を開けて、梯子をかけるようになっている。そのような部屋が一〇～二〇戸集まって一つの長屋を形成していた。入口の土間と部屋の段差は大きく、椅子の高さぐらいある。湿気を防ぐためである。客はたいてい部屋に上がり込むことはなく、土間にいたまま座敷の端に座って用事を済ませる。

筆者が暮らした戦後の長屋も江戸時代と同様に、訪問者は土間に立ったまま話を終えるか、長居の場合も座敷の端に腰掛けて話した。上がり込むことは滅多にない。その、「家の中の様子はわかるが、必要以上に関わらない」という微妙な間合いは、長屋独特のものだった。さらに、風呂は銭湯に行き、電話は呼び出し電話で、テレビもある時期までは他人の家で見た。子どもたちは親の帰りが遅いと、隣近所でご飯を食べた。このような主要インフラの「共用」も、長屋の一つの特徴なのである。

江戸時代の場合は、炊事は個々の部屋で行ったが、地下に埋め込まれた水道と、その上につくられた井戸は共用だった。井戸の下には木製のパイプが埋め込まれており、神田上水や玉川上水から引いた水が流れている。水は「呼び樋」と呼ばれる勾配をつけた竹のパイプで大桶の中に溜まる。井戸の上から小桶をつけたつるべを下ろして水を汲む。洗濯はその井戸端で済ませ、そこにある物干し竿に干す。炊事用の水は、部屋から持ってきた桶に汲んで持ち帰り、甕に入れておき、それで行った。

水道のパイプは江戸城、大名屋敷、店、そして長屋にも、張り巡らされていた。家事や炊事や洗濯で使った水は、長屋の通りの真ん中につくられた溝に流す。溝は板でおおわれていた。石鹸も中性洗剤も風呂もないので、たいした量の水は流れない。

トイレは共同でいくつかつくられており、排泄物は下肥問屋に雇われた人足が汲み取りにくる。汲み取った排泄物は樽に入れ、馬や舟で農地に運び、発酵処理をして売却する。下肥は商品であり、下肥問屋が「買って」いた。大勢が暮らす屋敷には野菜などで支払い、長屋を管理する大家には現金を支払った。農家はそれを肥料にしていたのである。当時の物価と比較するとかなりの高値で農家に売れた。下肥問屋の営業権である下掃除権はやはり高値で売買され、下肥問屋は金貸しまでしていた。

そのほかには、ゴミ溜めがあり、ゴミも業者が来て運び、埋め立てなどに利用していた。

長屋に出入りする人々

長屋には様々な修理屋が出入りし、物は修理しながら使い切っていた。棒手振《ぼてふ》りの古着屋も回ってきて、古着や布切れの売買をした。紙屑買いに紙屑を売ることもあった。使えなくなった布や紙や木端などはかまどの燃料に使い、灰になると取っておいて、灰買いが来たら売った。

大きな長屋では、防犯のための木戸もあった。式亭三馬の『浮世床』の挿絵には「大長屋の路地口」が描かれている。(3) この路地口には木戸があり、その木戸の上や横には「大峯山の小先達」の看板、「口入所《くちいれ》」つまり職業紹介所の看板、祈禱師、外科医、三味線の稽古所、尺八指南、灸すえ所、観相見などの看板が、所狭しと並んでいる。ここは長屋の中でも「大長屋」とあるから、そういうところには木戸もあり、中に暮らす人はここで営業をしていたとみえる。木戸がなく、狭い路地を入るだけの長屋もある。現在のマンションやアパートにも大小それぞれあるように、長屋といっても多様だったのだろう。平屋だけの長屋もあり、二階建ての長屋もある。畳を敷いていない板敷の長屋もあれば、敷いている長屋もある。

長屋の前を通る棒手振り商人たちも、他の長屋住まいであろう。アサリ売り、小松菜売り、菓子屋、糀《こうじ》売り、納豆売り、煮豆売り、豆腐売り、小間物売り、苗売り、貸本屋など、ありとあらゆる商人が店で客を待つだけでなく、担いで売り歩くのである。特に魚売りは、店で客を待っていたら腐ってしまうので、売り歩くのが基本だった。歌川豊国の描いた浮世絵の中には、初鰹を売りに来た魚屋を、染め付けの皿を持った女性たちが取り囲んでいる絵がある。初鰹をその場で捌《さば》いてもらい、分け合って買おうというのだ。このような絵から、商人たちが長屋の中に入っていって、ものを売っていたことがわかる。

長屋の責任者たち

長屋を経営しているのは大家(家主)たちであった。江戸の行政は町人が自ら担っていた。まず、三家による「町年寄」という役目がある。奈良屋、樽屋、喜多村の三家が世襲で勤めていたのだ。一五九〇年より前から、年寄役だった家である。彼らは町奉行からの命令を町人に伝える「町触《まちぶれ》」という、重要な役割を担っていた。また住人たちの人別《にんべつ》、つまり住民登録、不動産登記、紛争の調停なども行っていた。屋敷内に町年寄役所を設け、手代たちも置いていた。彼らは給与をもらっていない。幕府から下げ渡された土地があり、そこを貸すことで、収入を得ていたのである。

江戸は世界最大の都市である。三家ですべての事務をとても担いきれなかった。そこで、「町名主」に下請けをしてもらっていた。幕末近くになると、一六四一町を、二八三人の町名主が管理していた。(4)

彼らは人別帳の作成、不動産の登記、紛争の調停など、町年寄の仕事を分担していたのである。特に紛争の調停については、名主の屋敷の玄関を使って、今でいえば民事裁判を行っていた。その調停を「玄関裁き《げんかん》」という。町名主たちは町入用《ちょうにゅうよう》という、地主たちから集めた経費で生活していた。

その町名主の下で、実際的な事務を取りしきっていたのが、「家主」だった。『守貞謾稿《もりさだまんこう》』には、「戸籍等には家主と書く。すなはち家守なり。私には大屋とも云ふ。家主の数、江戸惣じて二万零一百十七人。地主の地面を支配し、地代・店賃を店子より集めて地主に収め、公用・町用を勤め、自身番所に出て非常を守るを職とす(5)」とある。家主＝家守＝大屋は地主ではなく、家賃を集めて地主に渡す仕事で、同時に治安のために自身番所という、いわば交番のようなところに交代で詰めていた。

山東京伝の『孔子縞于時藍染《こうしじまときにあいぞめ》(6)』には、家主の家の玄関が描かれている。そこに、店子から日済借り《ひなし》という、日を決めて返す約束の借金をした男がやってきて、玄関先に座る。「返そうとするが店子の孫介が受け取らない。言い聞かせてやってくれ」と頼んでいるのだ。この黄表紙は、人が皆、お金を嫌うようになった、という現実とは正反対の日常を描いたいわばSF漫画である。現実世界はその逆で、長屋に借金取りがやってきて店子からなんとか返してもらおうとするが、返さない場合、家主に直談判に行くのである。家主はこのように、店子が起こした面倒事の解決もしなければならないのだ。

そこに女性もやってきて、裏長屋の子どもたちが表店にやってきて小判を投げ入れる。縁起が悪くてしようがないから叱ってくれ、と言いに来る。これは現実には、子どもが悪ふざけをして石などを投げたときに、その子どもが暮らす長屋の家主に「叱ってくれ」と言いに来たからである。このような子どもの悪戯《いたずら》にも、家主は対応しなければならなかった。このシーンでは、家主の家の外に「月行事《がちぎょうじ》」という旗が出ている。自身番所に詰める番が回ってきていることを示している。そのほかにも、町名主の仕事である人別帳の作成の下請けや、不動産登記、火の番、夜回りなども家主の仕事だった。あれやこれや、家主は大忙しだったことがわかる。

長屋に限らないが、家主同様に地域を守る責任を負っていたのが「鳶の頭《かしら》」だ。江戸は人口集中とともに火事が多くなった。万治元年(一六五八)に与力・同心の定火消役ができたが、屋敷だけ消火しても類焼に間に合わない。そこで享保一五年(一七三〇)に町火消し四七組の「小組」と、一〇組の「大組」、および四八組の「本組」ができた。町火消の人数は一万人に迫った。町火消人足は鳶職であった。水による消火ではなく、類焼を回避するための破壊消火であり、高いところに登って建築物を解体する仕事だったからである。鳶人足の手当は町内から出ており、まさに自治体が必要とし、自治体が支えたのである。その鳶たちの頭は破壊消火において、どこを破壊するかを決めねばならない。そこで、恨みを買わないよう町内の信頼が必須だった。公平性を重んじている人だ、という人望が重要だったのである。

二　長屋はどう描かれたか

「長屋」コミュニティ

落語は江戸時代から現代まで続いている。しかも現代でも語り継がれる落語の長屋は、ある種の緊密な人間関係を伴ったコミュニティのように見える。しかしそれは実際にそうであったのか、それとも、長屋を喪失した近代において、虚構として再構成したものなのか。もし虚構であるなら、なぜ落語家は「噺」の中でコミュニティをつくり上げたのか。なぜ落語を聞く人々は、そこに入り込んでいくことに安心感や笑いを得るのだろうか。

筆者が生まれ育ったのは戦後の長屋である。過去の落語家たちも、長屋を体験していたとしても、近代の長屋である。しかし、それは確かに、江戸時代から続く、さまざまなインフラの共用を伴ったある種の共同体の名残があった。変わった部分もあれば、変わらなかった部分もある。しかし二〇二三年という現時点では、長屋はほぼ消失している、といってよい。

だが、もし長屋という共同体に、今後も人が必要とする要素があるのなら、それが何であるのかを把握しておくべきだろう。そうすることによって、新たに長屋の要素を組み入れた生き方、暮らし方が可能になるからである。そこでまず、落語で語られた長屋から、その要素を探ってみたい。

長屋コミュニティを感じさせるいくつかの落語がある。その典型が「長屋の花見」だ。「貧乏花見」という別題もあり、貧乏長屋という言葉も出てきて、「貧乏」というイメージが強調されている。三代目の蝶花楼馬楽《ちょうかろうばらく》が上方の噺を東京に移し、大正八年（一九一九）に「隅田《すだ》の花見」という題名で演じた。花見の季節、「サアサア大家さんが来いといふから皆んな揃つて行つて見やう」ということになり、行ってみると大家は「世間では乃公《おれ》の長屋のことを貧乏長屋といふそうだ」と始まり、「どうだ今年は世直しに一つ花見に行かうぢやアねえか」ということになる。(7) 酒肴の代わりに番茶、大根、沢庵を買い集め、毛氈の代わりに米屋のむしろ（わらなどで編んだ敷物）を持って、長屋の連中は花見へと出掛けていく。この長屋連中は四人で、全員男性である。家族はいないようだ。

すでに述べたように、長屋の住人がすべて貧しいわけではなく長屋にもいろいろある。だからこそ、この貧しい長屋はとりわけ、「世間」で「貧乏長屋」と呼ばれているのである。しかしこの噺には、貧乏だからと閉じこもるのではなく、貧乏を逆手にとって、さまざまな「見立て」をする知恵が躍動している。大家が「お酒盛だ」と呼びかけると、「サアサアお茶か盛の始まりだ」と応じる。大家は都々逸《どどいつ》を聴かせたり、「笑って暮すなア徳だ」と言い、「世の中は夢だつてから嫌な夢を見て終つちやア詰らねえ」と皆に語る。「オイ久さんや、乃公《おら》アお前《めえ》を何時《いつ》でも賞めてるんだ。長屋で発句でもやるのはお前ばかりだ」と店子を持ち上げながら、発句のやり取りになる。この話の場合、独り身で都市に暮らす、遊ぶ金もない職人たちに内面のコミュニティを提供しているのは、大家であった。

「長屋」というコミュニティは、村落のコミュニティのように全員による生産単位ではない。それは、生きていくための毎日を支える精神的なものであり、いわば「物語の単位」ではなかったか。当時の人々にとって心の拠り所であった空間が、戯作や落語を通して物語となり、それがまた人を支えるという積み重ねがあったのではないだろうか。

「町」のコミュニティ

「長屋の花見」よりもっと大勢の人々が登場する演目がある。「大山詣り」だ。この噺は明治二九年

（一八九六）に橘家円喬が「百人坊主」という題名で演じている。元は上方落語で、由来は狂言の「六人僧」だ。十返舎一九も作品化している。一三人の男たちが大山詣りに出かけることになった。世話人（先達）の吉兵衛がお詣りの前に「暴れたものは坊さんにする」と決めた。本当の僧にするという意味ではなく、髪を剃るという意味である。民という男が暴れて、寝ている間に坊主にされた。皆が発ってしまった後に目を覚ました民は、駕籠を飛ばして先に江戸へ帰り、一二人のおかみさんたちを呼び、「実は金沢八景で舟に乗ったところ舟が沈んで皆死んだ。菩提をとむらいたいから出家する」と、自分の坊主頭を見せて話す。一二人のおかみさんたちはその話を信じ、皆、坊主頭になった、という噺である。(8)

「大山詣り」という演題になってからも内容に変更はないが、民は熊五郎という、長屋噺の典型的な登場人物の名前になった。ところで「百人坊主」も「大山詣り」も、「長屋」ではなく「町内」という言い方をしている。落語で「町内」というとき、一つの長屋の範囲ではなく、町火消しに手当を出す「町入用」の単位の「町」を意味する。「町」はインフラが整備されているだけでなく、木戸、自身番、木戸番、火の見櫓なども完備されていて、災害や犯罪に備えたコミュニティだ。複数の「家主」（大家）と鳶の頭が責任を担い、人々の彼らへの信頼も篤かったのだが、その責任の範囲は一つの長屋ではなく、「町」であった。

町は大きさでいうと、表通り、横町、新町通に面した表店とその土蔵および、表店の裏に位置する複数の裏長屋の一区画が、表通りを挟んで二区画ある、その全体のことである。一区画は長さが京間六〇間（約一二〇メートル）、奥行きが京間二〇間（約四〇メートル）だ。なぜ二区画かというと、この二つの区画の間に表通りが走っており、その両端に木戸、木戸番屋、自身番、火の見櫓、用心桶、火の用心井戸などが配備されていて、ひとまとまりの防災地域となるからだ。木戸は、その中の路地にもところどころ配置されている。この一区画はさらに四つほどの「町屋敷」から成る。町屋敷は表店と裏長屋で構成されていて、大家が一人か二人で管理している。ふつう「長屋」と表現する場合、この町屋敷の裏に位置する長屋の規模を意味する。町屋敷は一三〜一五戸の裏長屋で構成されていた[9]。

共同体物語としての長屋

長屋をこの規模で考えた場合、「長屋の花見」に四人しか登場しないのはいかにも少ない。大家はとりわけ貧しい独身の職人を誘ったのか、と想像することになる。長屋の結束というより、大家の配慮を感じる。一方、「大山詣り」は「町内」と表現しているが、前述の規模で計算すると、一つの町に一〇〇〜一二〇人は暮らしていることになり、一三人という数は、むしろ一つの長屋の人数だ。無論、町内の全員が大山詣りをするわけはないので、町内から募った、という前提でも良いだろう。

このように、実際の規模を念頭に入れると、長屋コミュニティの結束や人情は、やはり創作なのであろう。しかしそこには、重要な要素がある。一つは、花見における「見立て」や、参詣の際の「暴れたら罰が科せられる」というルールに見られるように、約束事は集っている人々が考え、納得し、決めたものであって、社会や家制度における外部の規律ではない、という点だ。武家や商家のように、家の中での役割分担が決まっているような、そういう集いではない。これはおそらく、「町」か「町屋敷」か、といった単位の大小にかかわらず、裏長屋がもっている基本的な性格であろう。裏長屋の住人は短期的であり、移動が多い。夫婦者や子持ちもいるが、多くが独身者だ。年齢は多様で、さまざまな事情でそこにいる。誇るような出自や、こだわるような家柄もない。困難を抱えている人も多かったであろう。社会全体には格差や差別があるが、長屋そのものには同じような境遇や職種の人が集まっているという意味で、格差が少ないのである。そこで、登場人物の名前は「長屋の象徴」のように、大方決まってくる。八五郎、熊五郎、与太郎だ。八五郎と熊五郎は大工や左官などの職人で、与太郎は優しくて穏やかだが、腕に職もなく、計算もできない。したがって仕事についていない。彼らが長屋を象徴する住人であることは、明治時代から続いている。

長屋のこの性格に、安心感をもつ登場人物もいる。「妾馬《めかうま》」という演目がある。まさに「八五郎」の話だ。八五郎は妹と母親と三人で暮らしている。妹が長屋で洗い張りの仕事（現代では洗い張りがわからなくなっているので井戸替えとすることもある）をしている際に、たまたまその姿を見た某大名に見初められ、側室になった。妹は間もなく懐妊する。その懐妊祝いに八五郎が招かれ登城する。その際に、大家に衣装を借りて大変な騒ぎで着替える噺が明治二七年（一八九四）に禽語楼《きんごろう》小さんが語った記録のある「玉の輿」である。[10] そのとき、八五郎が気に入られて武士になったは良いが、馬の乗り方がわからず大変なことになる噺が「妾馬」である。馬の話を出さずにその前で終わるのが「八五郎出世」と題された。そこまでは単に、妹のおかげで長屋から抜け出して出世できた、という話に過ぎない。コネを使った出世物語などでは今日、誰も感動しない、と見通したのが立川志の輔で、この人が最後を変えて「八五郎出世せず」をつくった。筆者はこの噺の中に、現代社会がもつ長屋共同体願望が活かされている、と思う。この演目では大名が八五郎に、侍に取り立てるので母親も呼び寄せればよいと提案するのだが、母親は長屋の人々と生きた方が幸せだから行きたくないと言い、八五郎も同意し、出世話を断るのである。

この背景には、まさに共同体的な「長く共に暮らしてきた人たちとの分け隔てのない関係」が想定される。外の社会には身分差別も格差もあるが、長屋ではそれぞれがともかく、生きていかれれば良いのである。したがって、生きていかれないかもしれない人には手助けをする。それが「孝行糖《こうこうとう》」のような噺に現れる。

長屋の代表的な登場人物の一人「与太郎」は、仕事に就くことが難しい人だ。そこで周囲が助ける。「道具屋」と「金明竹《きんめいちく》」では、伯父が与太郎に道具屋をさせるが、つとまらない。「かぼちゃ屋」もつとまらない。しかし「孝行糖」では与太郎は親孝行であったので、褒美をもらう。長屋の連中はそれを元手に与太郎に飴屋をやらせて、これがうまくいく。「自己責任」の世界ではなく、助けが必要なら、その不調法を笑いながらでも助けるのが、この共同体であった。

長屋噺には、以上のように大家を含めた複数の人間関係や、コミュニティ全体を巻き込んだものがあると当時に、二、三人のごく狭い隣近所関係の噺もある。これらは、壁一枚で隣とつながっているという長屋の空間特性が使われている。「粗忽《そこつ》の釘」は、壁の向こうに釘が通ってしまう噺で、「黄金餅」は、壁に穴をあけて隣家を見ることで始まる。「三軒長屋」は、木遣と都々逸と喧嘩が大好きな鳶の頭、一中節と端歌をやる囲い者、議論と夜稽古に明け暮れる剣術指南というまったく違う三人が隣同士になっていることで、さまざまな騒動が起きる噺だ。隣かどうかはわからないが、長屋で親しくなった二人の人間関係が展開するのが、八五郎と熊五郎が主人公の「粗忽長屋」だ。「らくだ」は、長屋の外の住人である「兄貴分」が、長屋の住人である「らくだ」の弔いをなんとかやり遂げようと、長屋出入りの屑屋を使って月番から香典を集め、大家に酒肴を要求する噺である。つまり、長屋はお節介が必要な場合は大変行いやすい。他方、隣り合っているがために「迷惑」や「お邪魔」にもなる。そのお節介も迷惑も、物語になってしまう。長屋とはそういう、物語が生まれる場所なのである。

三　女性と子どもはどう語られたか

シジミの見た長屋の女性

落語の長屋にはさまざまな人が登場するが、全体を見ると多くは職人や大家など、男性の大人の物語であり、女性や子どもはその付け足しになっている。これには理由がある。落語は江戸であっても東京であっても、その舞台として圧倒的に多いのが吉原なのである(11)。女性が登場人物として少ないのではなく、登場する女性の多くが遊女や芸者であり、「長屋の女性」が少ないのだ。しかし落語以外の文学作品では、長屋を舞台に多くの女性が生き生きと行動しており、子どもも然りだ。それもまた、長屋を知る良い素材である。その様子を見てみよう。

平賀源内の『根南志具佐《ねなしぐさ》』[12]（明和六年〔一七六九〕刊）では、閻魔大王の命令を受けた龍王が、海の生き物たちを使って歌舞伎役者の菊之丞を探すというくだりがある。そこでシジミがシジミ売りの籠の中に隠れて、新道裏長屋の様子を見てきたことを報告する。シジミ売りが「一升一五文」と言って売り歩いていると、三〇歳ばかりの女性が出てきて「五文に負けろ」と言う。三分の一である。シジミ売りは腹を立てて「とんでもない」と突っぱねて去ろうとすると、背中からその女性がきれいな顔をして「（大人しくしていれば）えいかと思ふて、いけすかないごてれつめ。そんな悪態はうぬがかかにつけろ」と啖呵を切る。それが読みどころだ。シジミ売りは知らぬ顔をして去る。シジミはその籠の中に入っているわけなので、シジミ売りと一緒に移動する。

すると今度は、一軒の家から金切り声が聞こえる。娘が三味線に合わせて歌っているのだ。そこにちょっと洒落た格好の男がやってきて、「お娘はいよいよやらしやるつもりに相談はきまりましたか」と親に聞く。続いて「向は国家の御大名、お妾の器量えらみ、中ぜいで鼻筋の通つた、豊後ぶしを語るのがあらばとの事」というから、妾を斡旋する口入れ業者（職業紹介業者）と見える。「文字（常磐津文字太夫）に頼んで弟子分にしても貰ひ（つまり名前をもらい）、（契約を）済ませる様にしませふ。支度金は八拾両、世話ちん（斡旋両）を二わり引いても、六拾四五両の手取」と聞いた親たちは有頂天。父親はかんなべ下げて、長屋のドブ板を踏み抜きながらも、その汚れた裾をまくって、酒を買いに走ってゆく。ここで、酒を供するのにかんなべしかないことと、長屋の真ん中を貫く排水溝の上に敷いてある板が、走れば踏み抜いてしまう古さであることなどに、この長屋の様子がよくわかる。

シジミ売りは他の長屋に入っていく。今度は摑み合いの喧嘩だ。「腕に彫物した男ども」、つまり職人たちが大肌ぬぎになって取っ組み合いをしている。どうやら女房の浮気が原因で、職人同士のいさかいに発展したらしい。そのうち酒五升と、蕎麦やうどん一〇人前と、謝罪文一通が届くと、突然収まって呑み始める。シジミ売りもどさくさにまぎれて茶碗酒をひっかけ、千鳥足で得意先に回る。しかしそこでは、職人から出家した男が、木遣歌《きやりうた》のクセが抜けないまま念仏を唱えている。結局シジミは一向に売れないまま川に捨てられ、その結果、龍王に人間界の世相を報告できた、という具合だ。

ここには、職人が多く暮らす長屋の、女性を中心にした光景が描かれている。男と同じように乱暴な言葉で物売りを罵倒する三〇歳ほどの女性、妾業を目指して三味線と歌に余念がない若い娘とその親たち、そして夫の職人仲間と浮気する女房である。

長屋の娘たちの将来像

この中で、三味線と歌の稽古をする娘は、約四〇年後の式亭三馬『浮世風呂』に複数登場する。「いぬ」というおかみさんの娘「お釜」は生田流の琴の稽古をしている。「きじ」というおかみさんの九歳の娘「鍋」には六歳から乳母をつけて屋敷へ奉公させ、その屋敷で藤間流の踊りを習わせている。『浮世風呂』では長屋で三味線を稽古し、師匠に習いに行くだけでなく、それらの稽古事が「屋敷での行儀見習い」という奉公と組み合わさっている。庶民の娘たちが、この頃にはさまざまな屋敷に奉公している。親たちにとっては行儀見習いが期待でき、それは後に、良いところに嫁に行く（あるいは妾になる）ことが期待できる。屋敷側にとっては、安い人件費で手伝いをさせるメリットがあったのだろう。さらに「お丸」と「お角」という一〇歳から一一歳と思われる少女が、親にやらされている稽古の話をするシーンがある。以下は、お角が語る一日のスケジュールだ。

> 朝むつくり起ると手習《てなれへ》のお師さんへ行てお座を出して来て、夫《それ》から三味線のお師さんの所へ朝稽古にまゐつてね、内へ帰つて朝飯《まんま》をたべて踊の稽古からお手習へ廻つて、お八ツに下ツてから湯へ行て参ると、直《すぐ》にお琴の御師匠さんへ行て、夫から帰つて三味線《しやむせん》や踊のおさらひさ。〔中略〕日《し》が暮ると又琴のおさらひさ(13)。

『浮世風呂』は朝湯から始まる。式亭三馬は朝の女湯を、芸者、囲い者、料理屋の娘の組み合わせで始める。朝湯は彼女たちから賑わうというのだ。名前に「文字」がつくのは常磐津《ときわず》を語る芸者、「豊」がつくのは富本節《とみもとぶし》を語る芸者である。つまり三味線、琴、唄、踊りなどの稽古は、屋敷奉公を終えて良い商家に嫁入りする可能性を高めるだけでなく、武家の妾、芸者、芸事の師匠として生きる道をつくる、と考えられていた。つまりは、長屋に暮らす親たちは、娘を同じような職人と結婚させて長屋に住まわせようとは思っていないのである。筆者自身の経験でもそうだが、子どもの気持ちはともかく、長屋は親たちにとって「抜け出すための出発の場所」なのである。

一方、お角の友だちのお丸は、稽古事ではなく縫い物を覚えさせられている。裁縫の技能は、結婚のための条件であるが、一人で生きていかねばならないときにも、その技術があれば仕立てや洗い張りを請け負って生きていくことができる。長屋を描いた挿絵の中には、長屋で洗い張りの板に布を貼って乾かしているシーンがあるが、自分や家族の着物とは限らない。多くの女性が洗い張りや裁縫で収入を得ていたからである。

弥次喜多の長屋

長屋ならではの、生き生きとした女性同士のやり取りが十返舎一九『東海道中膝栗毛』の「発端」にある。弥次郎兵衛の女房の「おふつ」に、同じ長屋の「おちよま」が裏口から話しかける。「モシおかみさんへ、ご無心ながら、醬油《したぢ》がすこしあらば、どふぞかしておくんなせへ(14)」。このような味噌醬油のやり取りは、戦後の長屋でも日常の風景であった。ところで、弥次郎兵衛が長屋に暮らしているのには訳がある。その前は神田八丁堀の新道で、小さな借家に喜多八と暮らしていたのである。そもそもは駿河府中の裕福な商家の息子だった弥次郎兵衛は、後に喜多八と名乗ることになる鼻之助と恋仲になり、家の金を使い果たして江戸に駆け落ちした。そのときはまだ蓄えがあって一戸建ての借家住まいだったが、とうとうその金も使い果たし、鼻之助を元服させて喜多八と名乗らせ、商家へ奉公にやった。それから弥次郎兵衛は、細々と漆器に絵を描く仕事をしながら長屋暮らしとなる。商家から借家へ、借家から長屋へ、という落ちぶれかたの中に、江戸の外からやってきた人々がたどる経路の典型があるのかもしれない。ともかく周囲が弥次郎兵衛を心配して「屋敷奉公」をしていた年上の女性「おふつ」を娶らせる。ここにも「屋敷奉公」が出てくる。嫁ぎ先が長屋では良いところに嫁に行った、とはいえないが、ともかく屋敷奉公経験者、という肩書きが嫁入りに役にたったことは確かなようだ。

弥次郎兵衛は金もないのに家を遊び場にして人がいつも集まり、酒や三味線が絶えなかった。そこで「おちよま」は「ホンニ夕部《ゆふべ》はでへぶ、お賑かで御座りやした」と続け、次に、家賃を催促する大家のおかみさんの悪口になる。「店賃《たなちん》の一ねんや二年、溜つたとつて、一生やらずにおきやアしめへし、それをやかましくいふくらへなら、溝板《どぶいた》の腐つた所も、どふぞするがいいじやアねへかへ。そして犬の糞も、てんでんの内の前ばかり浚つて長家のものは、なんだとおもつてゐるのやら」。このような大家への不満悪口は、かなり日常的だったろう。典型的なおかみさん同士の会話と見える。このあとさらに、「おくん」という女性が子どもに乳を含ませながら参戦する。その会話では、いつも大家への悪口を告げ口するもう一人の住人が槍玉に挙げられ、さらに、その妹に話がおよぶ。「ナニあれがお屋しきに奉公してゐたもすさまじゐ」「あの頬《つら》で妾も気がつよい」など、やはり「屋敷奉公」と「妾」という組み合わせは、女性を評する上での格好のネタになっていたようだ。

ちなみに、『東海道中膝栗毛』「発端」はこの後、駿河で弥次郎兵衛の恋人だったという女性が現れ、「おふつ」は家を出ていく。それと入れ違いに、持参金付きの、お腹に子どものいる女性が現れ、その子の父親が喜多八であることがわかる。この部分は落語の「持参金」(「金は廻る」「逆さの葬礼」)になっている。

賢いおかみさんたち

　ところでその落語だが、言いたい放題言う女性が次々と出てくる滑稽本に比べ、落語に登場する長屋の女性たちは皆、賢い人たちばかりだ。例えば「芝浜」である。棒手振りの魚屋である勝五郎は、見立ての腕はいいが酒飲みで、なかなか仕事に行かない。女房は心配して朝早く起こし、芝の魚河岸に行かせる。まだ魚河岸が開いていなかったので、浜に降りていると、革の財布を見つける。中身は四二両。早速家に戻り、友だちを呼んで大盤振る舞いして目が覚めると、財布を拾ったのは夢だと、女房は言う。自分が情けなくなった勝五郎は心を入れ替えて働き、店を持つまでになった。ある大晦日、女房はその革財布を勝五郎に見せる。もし奉行所に届けないで使ったら罪になる。そこで届け出たが、落とし主が見つからず下げ渡されたのだという。夢ではなかったが、夢だと偽った。そうすることによって勝五郎が立ち直ったのである。これは裏店の長屋から出発して、表に店を出すまでになった噺だ。女房の賢さと冷静さが際立つ噺だが、女房は財布をどうするか「大家に相談した」ということになっている。ちなみにこれは江戸時代の噺ではなく、明治時代に三遊亭円朝が、客からもらった三つのお題で創った話である。

　「文七元結」は、左官の長兵衛の噺で、酒ではなく賭博で身をもち崩している。この場合は娘のお久が吉原に身を売って金をつくり、父親の道具箱を質屋から出して立ち直ってもらおうとする、という噺である。しかし吉原の佐野槌から受け取った五〇両を、長兵衛は、集金した金を盗まれて吾妻橋から身を投げようとしていた若者・文七に渡してしまう。その後、金が見つかった文七は長兵衛とお久を探し出して金を返し、お久と結ばれて元結の店を開く。この場合も、お久は模範的な親孝行の娘だ。しかしそういう女性たちが常に自ら家族の犠牲になることで、吉原遊郭が成り立っていた。美談と言うべきではない。あってはならない現実だった。

「加賀の千代」は、金の都合がつかなくなった亭主に、女房が隠居のところに金を借りに行かせる、という噺である。家を出るときに女房は、隠居にかわいがられていることを、加賀の千代が創った「朝顔やつるべ取られてもらい水」になぞらえる。首尾よく金を借りられることになったとき、これを口ずさむと、隠居から「加賀の千代か」と聞かれて「かかの知恵だ」と答える。その通りだろう。

同様に「熊の皮」など、礼や挨拶がよくできない職人の亭主に、挨拶言葉を教えて送り出す話は複数ある。その場合、教える役割は女房の場合と大家(もしくは隠居)の場合とがある。そう考えると、長屋の女性は大家や隠居と同じような知恵がある、と設定されていることになる。それが極端な形で現れて笑わせるのが「たらちね」だ。これは女性の知恵というより、公家や武家の位の高さ、つまり階級的権威や言葉遣いを長屋に置くことで、そのズレと距離感を滑稽なものとして笑うことに狙いがある。

女房の悪知恵と亭主のうかつを笑う落語もある。「つづら」は、女房が浮気相手をつづらの中に隠す。「紙入れ」は間男が忘れていった紙入れをネタに、他人事のように話して誤魔化す。ただし「紙入れ」の舞台は長屋ではないかもしれない。

町と長屋の子どもたち

落語には子どもの描写も多い。一つは「子別れ」だ。腕はいいが酒にだらしがない大工の熊五郎の女房は、ついに堪忍袋の緒が切れて息子の亀吉を連れて家を出てしまう。女房は近所の仕立物などをしながら亀吉と暮らす。熊五郎が心を入れ替えて働いていたある日、熊五郎は亀吉と出会う。それがきっかけでまた三人一緒に暮らす噺なのだが、この噺でわかるように、長屋の女性たちには仕事があった。経済的な事情で離婚できない、ということはなかった。代表的なのは裁縫や洗い張りだろうが、食べ物屋で働いたり、大店で下働きをしたり、その他さまざまな仕事があった。亭主に問題があれば、別れて自分で働いた方がまし、という考えは江戸時代でも同じだったのである。

子どもが大きくなって奉公に出るようになったときのことを噺にしたのが「藪入り」だ。丁稚奉公は、一二〜一三歳で始まる。まだ子どもである。しかも休みは盆と暮れの年二回しかもらえない。奉公して初めての藪入りで実家に帰ってくる息子を待つ親たちの、ソワソワした嬉しさが眼目の噺だ。帰ってきた息子の紙入れに不相応な金を見つけることから、別の方向に展開するが、それは店のネズミを捕まえて交番に持って行って応募する「ネズミの懸賞」に当たってもらった金だとわかる。長屋で子どもを育てるとは、それが男の子の場合はこのように、店に奉公に出して修業させ、将来に備えることだった。職人の子どもに職人を継がせる話は、あまり見られない。

落語では複数の子どもが出てくる話はあまりない。一方『浮世風呂』では、長屋の子どもたちの世界が見える。四〇歳ばかりの男が六歳ばかりの男の子の手を引き、三歳ばかりの女の子を背負って銭湯に来る。竹製の子ども用の手桶と、焼き物の亀のおもちゃを持たせている。「よいよいよいよ。アそりやそりや来たぞ。おぶうはどこだ。兄さんヤころびなさんなよ。能《よ》く下を見ておあるきよ」と始まって、この、子どもに合わせた口調はずっと続く。父親たちが子どもの面倒をよく見ている様子は、江戸時代に一般的に見られるが、『浮世風呂』には子ども自身の具体的な姿が見えるのだ。

午後になると、男の子たちだけで銭湯にやってくる。顔も手足も墨だらけで、目ばかり光らせてドヤドヤと入って来る。寺子屋(手習い)は現代の学校のようには管理されていない。机は、入塾時に親に買ってもらった自分のものだ。好きな所に机を据える。個人指導が基本なので、子どもたちはまず、自分に与えられたお手本の範囲をそれぞれ繰り返し書く。誰も先生の方を見ていない。学習の途中であろうとなんであろうと、互いの顔に墨を塗りたくる遊びに興じる。現代では誰も、小中学校の教室の様子を絵に描いたり写真に撮ったりしようとは思わない。面白くもなんともないからだ。しかし、寺子屋の絵は大量に残されている。そこには、生き生きしたそれぞれの子の個性的な表情や行動が見える。寺子屋に通うのは無論、長屋の子どもたちだけではないのだが、しかしそこには、長屋の人間関係に通じる多様性と乱雑さが活気とともに見えるのである。「ありやりやんりうとい、ありやりやん、りやんりやんりやんりやん」とは、子どもが拳《けん》をするときの掛け声だ。その掛け声と共に銭湯に押しかけ、「サア湯へ這入ろう」。松、亀、勝、吉、鉄、又、幸の総勢七人の子どもたちだ。おしゃべりも盛んだ。ついに番頭が「コレしづかにしねへか」と言い始める。(15)

女の子たちの賑わいも『浮世風呂』に描かれている。旧暦七月一〇日ごろに行われた「盆々」と呼ばれる盆踊りのようなものである。銭湯の前で列をつくる。六〜一〇歳ぐらいの女の子たちを先頭に、次に一二〜一五歳の娘たちが並び、その後ろに一五〜一八歳の子守りたちが五、六人、列をつくり、乳母たちを指導者にして、盆唄を歌いながら歩くのだ。盆踊りは、江戸にはなかったので踊らない。しかし挿絵を見ると、子どもたちは手を広げたりつないだりして、リズムをつけて踊るように歩いている。子守りや乳母は背中に乳幼児をおぶっている。しかし列をつくり終わるまでが大変だ。最初から「長《おとな》しくしな」「世話やき婆《ばばあ》め」「目腐女《めくされあま》め」と、男の子より過激な言葉の応酬があり、喧嘩が凄まじい。そこに「おむく」という、背中に赤子を背負った一二歳ばかりの少女が割って入り、「ハイハイ真平真平、御免な菜箸火《さいばしひ》吹竹《ふきだけ》。灰ならしも御座候ツ」と始める。最後には地面に座り込んで「矢《やあ》はぺんぺこぽんぽこちやア。茶《ちやあ》はぺんぺこぽんぽこ矢《や》」と、手拍子を鳴らしながら早口言葉で笑わせる。「一同大わらひとなり和睦してみなみな並ぶ」と、ようやく列ができる。作者は「どうけ役とおぼしく」とト書きを入れている。

盆々の列はこの「町内」あるいは「界隈」の列だろう。町内には長屋だけでなく大小の表店も、その店の者たちの住まいもあり、そこに子守りや乳母が雇われている。彼女たちは銭湯の客でもある。盆々の唄行列には親たちが入っておらず、乳母と子守を中心に自主的に実施され、継承されていたと思われる。(16)

おわりに――「長屋」という思想

見てきたように、長屋という空間は「町」の一部として現実に存在し、そこに多くの職人が暮らし、結婚もし、子どもも育てた。貧しい生活も、そこそこの生活もあった。生活に共用部分が多いことから、長屋連中の日常の関係は分け隔てのない関係となり、とりわけ女性どうしは遠慮のない物言いができた。それは共用や共有が多いというだけでなく、同じような身分、経済力の人たちが集まるからでもあった。つまり、社会にさらされているときのような格差や差別を感じなくてすむ、細かいことで人から非難されない、見栄を張る必要がない、ということである。そこに、長屋のもつ活気、乱雑さ、乱暴さ、あけすけな態度などの理由がある。武家や商家のように役割分担が決まっているわけではなく、社会や家制度における規律のようなものがあるわけでもない。唯一ある社会的ルールは「家賃を収めること」だが、それさえも、家主が催促すると逆にやり込められる。

花見に行くのも参詣に行くのも、盆や祭をするのも、それらをどう実行するかも、約束事はそこに暮らしている人々が考え、納得し、決めたものであって、外から命令されたものではない。それは「自治」と言い換えてもいいが、それほどのものでもなく、家主から見れば厄介なことが多かったに違いない。しかし、生活上の厄介とは何か？　暴力や暴動などの深刻なことではなく、隣近所との喧嘩や罵倒、仕事に就けない住人、借金を返さない住人、子どもが悪戯するなどの困り事にすぎない。問題を抱えた人たちのことを、落語では「与太郎」とか「粗忽者」と名付ける。そこに、それをなんとかしようとする「お節介」が加わる。自己責任の社会ではもっぱら、責任を果たせない者たちへの非難がなされ排除されるが、長屋では排除されるどころか、「与太郎」や「粗忽者」が物語の主人公になるのである。彼らがいなければ、笑いは生まれないし、「お節介」も生じないのだ。

落語のその価値観がよく現れている噺が「代書（代書屋）」である。主人公は、ついこの間まで実際にいただろうと思われるような、「自分の正式な名前を知らない」「生年月日も知らない」「字が書けない」「小学校も卒業していない」「職を転々としている」人物だ。しかし犯罪を犯すわけではなく、自分が特別だとも思っていない。明るくまっすぐで自信に満ちている。履歴書をつくるためにその人物と対面して質問を重ねる代書屋、今でいえば行政書士のような人間が、次第に彼の前で小さくなり、存在感が薄くなり、タジタジとなる。

この噺は落語世界の象徴だ。現実社会とは価値観が転倒している。厄介者や粗忽者や文字の読み書きができない人や無職やその日暮らしの職人が堂々と生きている社会が長屋であり、その意味ではさほど、現実から遠くはない。筆者の暮らした長屋では、一方の隣家は在日朝鮮人の家族であった。筆者はその家でときどきご飯を食べていたが、両親はその家族と親しくしていたので、何も言わなかった。もう一方の隣家には、全身に刺青をした人が下宿していた。ほぼ毎日、彼はふんどし一丁で、刺青を見せながら生きていた。戦後の長屋もいわば「吹き溜まり」であって、互いにそれを承知の上で生きていく、という意味では、確かに、力を抜いて生きていかれる場所だったのである。

そこでは立身出世も勝ち負けも問われない。厄介も迷惑も喧嘩沙汰も物語になってしまう。それは現実社会から遊離しているといえばその通りなのだが、厳しく自己責任を問われながら、経済的な勝利のために生きている人々にとっては、確かにユートピアなのである。長屋とはそういう、社会とは異なる価値の物語が生まれる場所なのだ。それは幻想だといえば、その通りである。そもそも、長屋のようなところを「否定」し、そこから抜け出すために勝ち負けと立身出世を価値としながら高度成長を遂げたわけだから、長屋は確かに、日本人が自らの選択で「喪失した場所」なのであった。筆者の家庭は「長屋から子どもたちを抜け出させる」ために教育熱心になり、母は「夫の収入」と「子どもたちの学校の成績」という社会の基準を家に持ち込んだ。筆者がもった喪失感は、それによって生まれた。筆者の家だけではなく、「もはや戦後ではない」と宣言された社会全体が、次第に長屋的生き方を否定していったのであろう。

しかし自らの選択で否定したのなら、再びつくろうと思えばつくることのできる場所であるはずだ。なぜなら第一に、どんな生き方をしていようと自己責任を問わないこと、第二に、困難があっても誰かのせいにしないこと、第三に、厄介事があったら自分たちでルールを決めること、それだけで長屋は現実のものになるからである。そのために交流（衝突を含む）が必要なので、物理的な共用部分をあえてつくっておくことは大切だろう。

失った理由がわかれば再生はできる。ただし、何のために再生するのか？　それだけははっきりさせておかねばならない。そこには「長屋」という思想が必要なのである。

（1）石川英輔・田中優子『大江戸ボランティア事情』講談社、一九九六年。
（2）小野武雄編著『江戸物価事典』展望社、一九八三年。
（3）「浮世床」『日本名著全集　滑稽本集』日本名著全集刊行会、一九二七年。
（4）喜田川守貞『近世風俗志（守貞謾稿）（一）』巻之四、岩波文庫、一九九六年（一八五三年刊『守貞謾稿』）。
（5）同右。
（6）山東京伝『孔子縞于時藍染』（一七八九年刊）、『日本古典文学大系59　黄表紙洒落本集』岩波書店、一九五八年。
（7）『〈口演／速記〉明治大正落語集成』第七巻、講談社、一九八一年。
（8）『〈口演／速記〉明治大正落語集成』第四巻、講談社、一九八〇年。
（9）「表店と裏長屋」「町方の仕組みと暮らし」『ビジュアル・ワイド　江戸時代館』小学館、二〇〇二年、二〇〇〜二〇一頁および二七九頁。
（10）『〈口演／速記〉明治大正落語集成』第三巻、講談社、一九八〇年。
（11）田中敦『落語と歩く』岩波新書、二〇一七年。
（12）平賀源内『根南志具佐』（一七六九年刊）、『日本古典文学大系55　風来山人集』岩波書店、一九六一年。
（13）式亭三馬『浮世風呂』（一八〇八・一八一〇年刊）、『新日本古典文学大系86　浮世風呂　戯場粋言幕の外　大千世界楽屋探』岩波書店、一九八九年。
（14）十返舎一九「発端」『東海道中膝栗毛』（一八一四年刊）、『新編日本古典文学全集81』小学館、一九九五年。
（15）前掲注12。
（16）同右。

7　「怪談牡丹燈籠」の長屋

横山泰子

落語の中核——長屋噺

落語には長屋の住人を登場人物とするものが多くある。山本進編『落語ハンドブック』では、一〇

○題ほどの噺を一七のグループに分け、「長屋噺」について次のように紹介している。

長屋といっても、それこそピンからキリまでいろいろあるが、落語でいちばんのお馴染みは、九尺二間《くしゃくにけん》の棟割り長屋。その住人が熊さんに八ッつァん、それもただの熊五郎、八五郎でなく、脳天熊《のうてんくま》にガラッ八《ぱち》という、肩書きつきの職人連中。

長屋の入口には大家さん、横丁には、知ったかぶりのご隠居や遊芸のお師匠さん、お妾さんなどが住み、ついその先には若い衆が集まる髪結床《かみゆいどこ》もある。この長屋かいわいを舞台に、その住人を登場人物とする長屋噺は、落語の中核をなしているといってよいだろう(1)。

そして、具体的な例として「浮世床」「厩火事」「千早振る」「天災」「長屋の花見」「花見の仇討」「饅頭怖い」「薬缶」「寄合酒」等が挙げられている。これらは、大家と長屋の衆のコミュニケーション、若者同士のふざけあい、夫婦げんかの様子など、昔の長屋の生活風景を描出している。落語の長屋噺は都市の共同体のありようを知るのに、有益な資料とみなすことができよう。

また、長屋噺以外のもの、例えば怪談噺をとりあげると、別の面から長屋を見ることもできそうだ。そこで、本稿では、三遊亭円朝（一八三九〜一九〇〇）の「怪談牡丹燈籠」を例に、長屋の住民というよりは、その持ち主に注目してみたい。

落語の萩原新三郎——貸長屋の所有者

円朝の「怪談牡丹燈籠」は、美女の幽霊が駒下駄の音を響かせて恋人に会いに来る場面が有名な怪談噺である。もともと中国種であったが、翻訳・翻案を重ねるうち、すっかり日本風の怪談と化した。『円朝全集』第一巻所収の「怪談牡丹燈籠」[2]で、萩原新三郎の人物像を確認しておこう。

根津の清水谷《しみづたに》に田畑や貸長屋を持ち　その収納《あがり》で生計《くらし》を営《たて》て居る浪人の萩原新三郎と申します者が有りまして　天資《むまれつき》美男で年は二十一才なれども未だ妻をも娶らず　独身《ひとりみ》で消光《くら》す鰥《やもめ》に似ず極鬱気で御座いますから　外出《そとで》も致さず閉居《とぢこも》り鬱々と書見のみして居ります〔後略〕

新三郎は、田畑や貸長屋を所有してそのあがりで生活できる人物、つまり働く必要のない恵まれた人物として描かれている。また、新三郎の人間関係はきわめて限定的である。互いに一目惚れしたお露と、その女中のお米《よね》（後に幽霊になる）、二人を引き合わせた山本志丈《しじょう》（医者）、新三郎を心配する白翁《はくおう》堂勇斎《どうゆうさい》（人相見）と、身の回りの世話をさせている伴蔵とお峯の夫婦以外、密接な関係をもつ人物は登場しない。働かなくても生活でき、外遊びの趣味もない人物ゆえ、他人と積極的に接触する必要もないのだろう。伴蔵は「萩原様の地面内に孫店《まごだな》を借てお互ひに住ツて居り　其内でも私《わッち》は尚ほ萩原様の家来同様に畑を鋤《うな》ツたり庭を掃たり使ひ早間もして　嚊々《かかあ》は洒ぎ洗濯をして居るから　店賃も取らずに偶には小使を貰ツたり衣類《きもの》の古いのを貰ツたりする」[3]。また、新三郎は「私の孫店に住んで居る白翁堂勇斎と云ふ人相見が万事私の世話をして喧ましい」[4]と言っている。つまり、若い新三郎は孫店に住む伴蔵夫婦に仕事を与え、勇斎からは世話を焼かれているのだ。

ここで出てきた「孫店」という言葉について、『円朝全集』の清水康行による注では「ごく小さく粗末な貸家」[5]と説明している。新三郎の所有する土地には小さな貸家があり、そこに伴蔵夫婦と勇斎が住んでいる。

ところで、新三郎がどうやって田畑や貸長屋を手に入れたのかは、「怪談牡丹燈籠」では明らかにされておらず、謎といえば謎である。そこで、後世の落語家たちは、しばしば「怪談牡丹燈籠」を口演するにあたって、補足説明を試みている。例えば、六代目三遊亭円生（一九〇〇〜一九七九）の録音

（一九七三年七月一三日）では、次のように商売上手な父親が残した財産を受け継いだ設定にしている。

根津清水谷に新三郎という浪人でございますが、この人のおとっつあんの新左衛門という、この人がまことにお侍としては、ま、このそろばんが達者といいましょうか、今でいえばブローカーのようなものをしておりまして、こういう品物をあちらへ売るとか、かようなお話があるがぜひ一つおいでくださらんか、なんという色々間へ入りましてその売買などをする、ま、それで口銭を得るというわけで、世渡りがうまいといいましょうか、相当蓄財をいたしまして、田地田畑も買い、貸長屋といいまして、ま、今でいうアパートでございましょうが、そういうもののあがりで、楽に暮らしていけようという、おとっつあんが亡くなり、あとを引き受けました新三郎は〔後略〕(6)

また、春風亭小朝の録音（一九九八年四月一七日）は「根津の清水谷に萩原新三郎という、今年二一になる浪人が住んでおりました。この人の父親も同じように侍をいたしておりましたがたいそう商才にたけた人で、刀ですとか古物の売買の仲介をしてかなりの蓄財をのこしてこの世を去ります。おかげで後に残されました新三郎は、田地田畑貸長屋もございますから何不自由なく暮らすことができる」(7)、桂歌丸（一九三六〜二〇一八）のＤＶＤ（二〇〇六年七月六日収録）によれば、新三郎の父は「経済観念の発達した方でして色々なことをやってお金を儲けて貸長屋というものをたてて残しまして」(8)とされている。

円朝がつくり出した萩原新三郎は長屋の持ち主で、ひきこもり気味の美男である。それゆえ、自らの才覚によって長屋を手に入れたとは考えられない人物である。商才にたけた父から長屋を受け継いだという設定は、実に合理的な解釈といえよう。

新三郎と伴蔵

以上述べたように、「怪談牡丹燈籠」の新三郎は、暮らしに困らない浪人である。新三郎に焦がれ死んだお露は、幽霊となってやって来る。女中のお米も死んで幽霊となり、お露につきそっている。二人の女に再会した新三郎は喜び、幽霊とは知らず、お露と契りを結ぶ。新三郎の異変に気づいたのは伴蔵であった。夜間、新三郎と女の話し声を聞いて変に思った伴蔵が「密と抜け出て萩原の家の戸の側へ行て家の様子を見る⑨」とあるが、新三郎の住まいと伴蔵の住まいは離れており、その距離は声が聞こえる程度なのだろうか。

伴蔵は勇斎に相談し、勇斎が新三郎の人相を見るとすでに死相が現れている。新三郎は良石《りょうせき》和尚の指示に従い、家にお札を貼り、仏像を自身のお守りとして、しばらくは幽霊を遠ざける。しかし、幽霊に頼まれた伴蔵夫婦は、欲に目がくらみ、幽霊から一〇〇両の金をもらう代わりにお札をはがして仏像を取り上げる。新三郎は死骸となって発見され、伴蔵も勇斎もその地を立ち去る。

その後、伴蔵夫婦は一〇〇両の金をもとでに栗橋宿で荒物屋をはじめて成功するが、伴蔵の浮気で夫婦仲は悪化。お峯が「萩原新三郎は伴蔵によって殺害された」という秘密を口にしたため、伴蔵はお峯を殺害する。さらにお峯の霊が奉公人に取り憑き、伴蔵の悪事を暴露する。栗橋宿で再会した山本志丈に問いただされ、伴蔵は「私《わっち》が萩原の肋《あばら》を蹴て殺して置いて」と新三郎殺しを告白する。(10) ここで、新三郎が殺害されたことが判明する。新三郎の側からすると、店賃もとらず、仕事を与えていたのだから、伴蔵には親切にしていたつもりだったかもしれない。しかし、「萩原様に万一《もしも》の事がありましては私共夫婦の暮し方が立ません」(11) とあるように、伴蔵夫婦は新三郎に生殺与奪の権を握られていたのである。

働かずとも生活できる人間がいる一方、その家来として働かねば生活できない人間がいるのはなぜか。それは、不動産を持つか持たないかの違いである。伴蔵は萩原の家来同様に使われていたが、そんな身の上をどう考えていたのだろうか。この点を鋭くついた書き換え作品についても紹介しよう。

大橋崇行著・柳家喬太郎監修の『小説 牡丹灯籠』は、円朝の原作にならい、新三郎を不労所得者とし、新三郎と伴蔵にこんな会話をさせている。伴蔵は前から気になっていたとして、新三郎に、なぜ一日籠もっていても金が入ってくるのか、質問する。店賃だけで活計を立てるという発想が、伴蔵にはないのである。

「普通の家持ちは、別に誰かを雇って大家さんをお願いするんですがね。僕の場合はこんな浪人の身なので、自分で大家もやっているだけ、店子の皆さんのお金をそのまま頂けるんですよ」

〔中略〕

「けれども、こうしてほとんど何もしないでお足を頂いているというのは、なんだか悪いことをしているような気がしますね」

「……はあ」

「だってそうでしょう? 世の人は皆、額に汗して働いて金子を手に入れているのに。私はこうして、日がな一日屋敷の中に籠もっていても、暮らしを立てていくことができてしまうんですから。今に、罰が当たるかもしれない」

「つまり、萩原様は、悪いことをしていると……?」

「どうだろうね」新三郎は伴蔵の言葉に、困ったように笑って続けた。「お上に捕まるようなことはしていないよ。けれども、何が善で何が悪かという考えは、人によって違っているからね。もしかしたら、私のことを悪だと思う人もいるかもしれない」⑿

この小説では、円朝の原作どおり、働かずとも暮らせる人物として新三郎を描く。そして、ここでの彼は、働かずに生活できる自分の身の上を「悪」と意識し、いつか罰が当たって破滅するかもしれないという暗い予感をもつ。店子との間にある経済格差を十分理解し、後ろめたさをもちながらも、生活を変えようとは考えない。

「働かない新三郎」に注目すると、「怪談牡丹燈籠」は、持つ者が持たざる者に殺される物語であるとわかる。この作品での長屋は、人々が生活をともにする場というよりは不動産であり、所有者に金と力、そして結果的に死をもたらすのであった。

映画とドラマの新三郎 ——長屋の労働者

「怪談牡丹燈籠」は、これまで繰り返し映画やドラマにうつされてきたが、その際に新三郎の設定がしばしば変えられているのは興味深い。原作の新三郎は、周囲の人々と深く関わることをせず自室に閉じこもっているばかりである。そのような新三郎を映像作品の中で動かし、主人公の見せ場をつくるべく、人物設定が変更された例がある。

山本薩夫監督の映画『牡丹燈籠』(一九六八年)では、武家の暮らしが性に合わず、家を出て長屋の人たちと生活を共にする新三郎を描く。新三郎を旗本の子とし、屋敷は江戸本郷にあるという設定だ。萩原家の人々は皆、家のために個人の意向を無視し、新三郎に意にそまない結婚を無理強いする。新三郎は武家の暮らしを嫌い、他所の長屋の差配をして、職人らの子どもたちを集めて読み書きを教えている。小さい荒れた籠り堂に住んで、周囲の人々に慕われている。新三郎がお露の幽霊と契りを結び、死の危険にさらされると、長屋の人々は総出で彼を助けようとする。新三郎も教え子たちのために何とか生きようとするが、最終的には死んでしまう。

明るい昼の陽ざしのもと、新三郎が子どもたちを教え、女房たちが洗い物などをしている。陽気な太鼓を鳴らして飴売りがやって来ると、新三郎は飴を買って子どもたちに分け与えてやる。このような場面では、新三郎が長屋の人々の間にとけこみ、良好な関係をつくり上げている様子が描かれる。

大塩一志は「社会派の山本監督らしく物語の根底に封建社会の矛盾が生み出した悲劇というテーマをちらつかせ」た作品としている。(13)そうしたテーマ性を出すために、山本は「貸長屋の持ち主で働かない主人公」を「長屋で教育事業に打ち込む篤志家」に変える必要があったのだろう。冷たい武家社会と対照的に、長屋の人間関係がつねに温かく描かれている。貧しい者たちが明るく暮らす長屋の生活を、山本薩夫は理想化しているようである。

それでは、テレビドラマ版の「牡丹燈籠」はどうだろうか。一九七〇年に東京12チャンネルで放映されていた「日本怪談劇場」の第二・三回「怪談牡丹燈籠　鬼火の巻　螢火の巻」(中川信夫監督、宮川一郎脚本、七月一一・一八日)の新三郎は、浪人で貧乏長屋に住んでいて、生活のために内職をしている。新三郎の暮らし向きは周囲の人々とあまり変わらず、長屋の人々と生活感覚を共有している。きわめてみすぼらしい長屋の生活風景が、独特の映像感覚で表現されている。

一九七九年に東京12チャンネルで放送された「日本名作怪談劇場」の「第九話・怪談牡丹灯籠」の新三郎は、寺子屋の先生であった。幽霊と契った新三郎が体調を崩していると、子どもたちが見舞いにやって来る。勇斎がやさしく対応し、事情を説明して子どもたちを帰してやる。短い場面だが、長屋に住む新三郎と周囲の人々との間の絆が感じられ、印象的である。一九六〇年代、七〇年代の映画やドラマが、映像でもって長屋の雰囲気を表現しているのは興味深い。そして、繰り返しになるがこれら映像化作品は新解釈によるものであり、もともとの新三郎の設定とは距離があることも指摘しておきたい。

以上、「怪談牡丹燈籠」における長屋を中心に見てきた。円朝は「怪談牡丹燈籠」で、不動産としての長屋と、その所有者のあり方を冷徹に示している。ほかの落語の長屋噺や映画、ドラマが描く共同体の風景とは異なるが、一つの見方を提示しているのではないだろうか。

(1) 山本進編『落語ハンドブック 改訂版』三省堂、二〇〇一年、九五頁。
(2) 『円朝全集』第一巻、岩波書店、二〇一二年、一一頁。
(3) 同右、四四頁。
(4) 同右、三五頁。
(5) 同右、五二七頁。
(6) 『圓生百席 46 牡丹燈籠』ソニー・ミュージックレコーズ、一九九八年。
(7) 『小朝の夢高座 牡丹燈籠 御札はがし』ソニー・ミュージックレコーズ、一九九八年。
(8) 『桂歌丸 牡丹灯籠 其の一 お露と新三郎』テイチクエンタテインメント、二〇〇六年。
(9) 前掲注2、三六頁。
(10) 同右、一二五頁。
(11) 同右、六五頁。
(12) 大橋崇行著・柳家喬太郎監修『小説 牡丹灯籠』二見書房、二〇二〇年、五六〜五七頁。
(13) 『日本怪談劇場其ノ壱』キングレコード、二〇〇一年、DVD解説パンフレット。

8 「お節徳三郎」論
——熊さん八つぁんたちのフェミニズム

中丸宣明

落語のはじまり

いまわれわれが享受している「古典落語」はいつごろ成立したのだろうか。落語史の教えてくれるところによれば、落語のはじまりは室町時代後期の曽呂利新左衛門や野間藤六ら、大名などのそば近く仕え、さまざまな世情や故事逸話を提供したり、よろず相談に当たったりしたお伽衆《とぎしゅう》の笑い話に求められるようである。

興行としての落語の祖として、露の五郎兵衛や米沢彦八の辻噺(上方)、鹿野武左衛門の座敷噺(江戸)が、明暦～延宝期(一六五五～一六八一)に登場する。安永～天明期(一七七二～一七八九)になると上方江戸両所で噺の会が催されるようになる。上方では当時流行の雑俳に類した笑い話の投稿で優劣を判じ賞品を出すというもの、江戸ではおもに狂歌師が中心になって笑い話を披露し合うという同好の会であったが、ともに落語形成のエポックをなした。次いで寛政期(一七八九～一八〇一)になると、一定の時刻に一定の場所で木戸銭を取って興行するという寄席が形成し、職業的噺家の発生をみる。続いて文化～幕末期（一八〇四～一八六八）には、寄席は隆盛し落語は庶民娯楽として定着してゆく。むろん以上の落語形成の道行きは平坦なものではなく、幕府の文化統制や社会状況により、曲折を余儀なくされたが、幕末にはほぼ現代に連なる話芸としての落語は形成され、かつ現在に連なる噺家の名跡もそろったといえよう。

では具体的には、どんな噺がそのときどきに話され、どんな変化・展開があったのか、ということは実ははっきりしていない。前述の落語の形成史の節々で、その記録たる噺本ないし笑話本が残されるが、それらは小噺や短い笑い話で、物語性は多く切り詰められたものになっている。それは、江戸時代初頭の安楽庵策伝による『醒睡笑』（一六二三年成立）から職業的落語家の嚆矢とされる山生亭花楽（のち三笑亭可楽）の自作の噺を集めた『東都真衛《えどまえ》』（一八〇四年）や『十二支紫《えどむらさき》』（一八三一年）などの噺本に至るまで変わらない。近世期になると、落語に基づくノベライゼーション（黄表紙や滑稽本）も存在するが、暉峻康隆がいうように「可楽の高座ぶりは知るよしもない」[1]。

落語の高座の再現は明治期に確立する速記法によるものを待たなければならなかった。三遊亭円朝（一八三九～一九〇〇）の『怪談牡丹燈籠』（一八八四年）はその最初にして画期をなす成功作であった。速記者の若林玵蔵がまさにその「序詞」で「所謂言語の写真法を以て記《しる》したるがゆゑ此冊子《このさうし》を読む者は亦寄席に於て円朝氏が人情話を親聴《しんてい》するが如き快楽《けらく》あるべきを信ず　以て我が速記法の効用の著大なるを知り玉ふべし」と自慢するようなものであった[2]。以後、『百花園』（一八八九年五月創刊）、『花がた美』(一八八九年一〇月創刊)といった講談落語の速記専門誌が発行され、『文芸倶楽部』といった当時の一流文芸誌に話芸の速記が掲載されるようになる。[3] また速記の単行書も多く出版される。それらは落語家の声、「高座ぶり」を今に伝えてくれている。が、逆にいえばそれ以前の江戸後期から明治初期の「高座ぶり」は闇の中ということになる。

落語の「改良」

幕末期、天保の改革(一八四一〜一八四三)での風俗取り締まりが解けると、講談・落語の寄席は三〇〇軒を数えるようになったという。[4] 落語講談は庶民娯楽の中心を占めるようになった。またそれに呼応するかのように、戯作者・噺家・文人らによる三題噺の会が盛んに催され、[5] 文化人サークルのなかで落語が成熟していったことが想像できる。

しかし、幕末維新期の社会変動は、話芸のあり方に大きな影響を与えた。江戸の人口は江戸期を通じておよそ一〇〇万、武士と町人が半々ずつ、というのが大雑把なところである。その半数の武士が維新後に江戸を退去し、代わりに薩長出身者を中心とした新支配層とその配下が江戸に流入、加えて身分的拘束と土地への帰属が緩み、東京に職を求め勉学の場を求めて人が集まる。明治一〇年(一八七七)にコレラの大流行で一時減少するも翌年には、江戸期の一〇〇万人を回復、二〇世紀に入る頃には二〇〇万人に達する。寄席はその人々に、安価で安直に娯楽が提供される場であった。しかし、それらの新住民たちにとって、江戸期からの伝統に基づく寄席芸はわかりにくく共感しにくいものであった。江戸の戯作類や川柳狂歌といったものの享受には江戸文化に対する知識やそれを支える感性への共感が必須であった。落語の受容にも同じことがいえた。

一八八〇年代、四人の落語家が珍芸をひっさげ寄席を席巻する。三遊亭円遊(一八五〇〜一九〇七)のステテコ踊り、初代三遊亭万橘(一八四七?〜一八九四?)のヘラヘラ、立川談志(?〜一八八九)の釜掘り、四代目三遊亭円太郎(一八四五〜一八九八)のラッパである。[6] その芸はいずれも、珍妙な仕草やセリフあるいは歌の一発ギャグで、見て聞けばわかるというものであった。まさにそれらは新住民の嗜好に投じたものであった。これはある意味で、江戸以来の伝統的な落語に対する暴力的な試みであったには違いない。それらを生んだ情況は、同時に新しい時代に対応した落語「改良」の時代をもたらした。それは坪内逍遥の「小説神髄」(一八八五〜一八八六)における小説改良に見合う動きなのだが、その担い手の中心にいたのが、珍芸人の一人でもあった三遊亭円遊であった。円遊は意識的であった。「芸人出世譚 三遊亭円遊(落語)」(『文芸倶楽部定期増刊』一九〇六年一月)で次のように語っている。[7]

世の中が追々変つて日増しに進んで行くのだから、昔の話を在来《ありきたり》のまゝで演《や》つて居た分にやア、多くの御客様の御意に適《い》るまいから、何んでも是は時世に適《はま》るやうな落語《はなし》を演《し》なければ不可《いけない》と思ひまして、成るべく新らしくと注意して演《や》りました所、是が御客様の御意に適《かな》つたと見えまして、円遊の落語は変つて居て可笑《をかし》いとか、チヨイ〳〵新らしいことを云ふから面白いとか、大分御賛成でございまして、(中略)私《わたくし》の落語《はなし》は毎時《いつも》円遊然たる下らない滑稽でございますが、是れでも当人は当人だけに不絶《しじう》苦心は致して居りますので、成るべく時勢に遅れないやう、毎朝起きると直ぐ其日の新聞紙を数種《いろ〳〵》拝見して、何でも新しい事を話の中へ入れて使つて、少しでも耳新しく聞えるやう〳〵勉強致して居ります〔後略〕

この円遊の新時代への対応に関しては、すでに暉峻康隆に言及がある。(8) 以下、暉峻に従い円遊の落語の改良のさまを確認しておきたい。

暉峻は「穴どろ」(「穴蔵の泥棒」)における、歳末の金の工面に行きづまり、両国橋にたたずむ男「初さん」の姿が「盆槍《ぼんやり》と懐手をして両国橋の欄干に凭《よ》りかゝつて河蒸汽の走るを見下《みおろ》して/初「アノ河蒸気に乗り込んだ人達から五厘ヅツ貰つたら幾許《いくら》になるだらうな」」(「穴蔵の泥棒」『百花園』一八九一年四月五日)と描写されていることを指摘し、「河蒸汽という新風物にたくして、男のわびしい心境」を描いているとする。また鉄橋である吾妻橋、奥山の一二階、公園のブランコ、吉原の高楼など「東京の新風物をギャグに使って、次々と新しい笑いの渦を巻きおこしている」と分析する。おそらくこの分析で重要なのは、新しい笑いの創造だけではない。ともすれば円遊の落語改良に、人情噺から滑稽噺へというベクトルを見がちであるが、それは誤りである。この「穴どろ」における追いつめられた男の情けなさ、侘しさの形象には滑稽噺における新たなるペーソスの生成を見ることができる。

次に暉峻は「円遊の手腕によって、当時すでに古典化しつつあった江戸落語の面目を一新したのが、故桂文楽の十八番として今なお名作のほまれ高い「船徳」である」と指摘し分析を加える。それが可能になったのは、比較対照となる「昔の型」で口演した四代目橘家円喬[9]（一八六五〜一九一二）の速記があったからに他ならない。そこで円喬は「此お話を唯今では仲間の者が、当節のことに直して申しあげるようでございますが、円喬《わたくし》は其才力《さいりよく》がありませんから、矢張昔通り申上げた方が、却って罪がなくて宜《よ》からうと存じまして、有儘《ありのまゝ》述べることにいたしまする」（「船徳」『文芸倶楽部』一九〇〇年九月）と語るがごとくである。暉峻は「「船徳」のもとの形は、近松の「曽根崎心中」の主人公の名を借りた、笑いとはほど遠い続き物の心中咄だった」と説明する。蛇足を加えれば、その外題は「お初徳兵衛浮名桟橋」で、初代の三遊亭志ん生[10]（一八〇九？〜一八五六）作。寄席興行のトリネタとしてつくられた一五回の続き物であった。円喬の「船徳」はその導入部の「若旦那の徳さんが昔なじみの芸者お初を船で送る途中、夕立にあい、船をもやって雨の晴間を待つうちに、昔のヨリがもどる」というくだりで「濡れ場に重点がおかれ」ていた。円遊は円喬が「さアお厩橋のところで、船がグル〳〵廻ツて、何にも斯《か》うにも仕様がなかツたが、まアどうやら堀の桟橋へつけました」と、すましているところを新風俗を盛り込み三枚目の若旦那の喜劇に仕立てた。噺は若旦那が客を乗せての失敗談で「もやったままの船を漕ぎ出そうとしたり、石垣にくっついた船を当時流行しはじめた客の洋傘《コウモリ》で突かせて、その洋傘を石垣のあいだにはさませたり、船がゆれて煙草に火がつかなかったりと、完全に人情噺的色彩を消してしまい、現在の「船徳」の原型を作り上げている」と評価されるものになっている。「真打は続き物の人情咄というしきたりを破り、堂々と前座咄であった落語を真打咄《とりねた》にしてしまった[11]」。たしかに円遊は現代の落語の祖には違いない。

三遊亭円遊の「お節徳三郎」

「お節徳三郎」という噺をめぐる事情は、「船徳」の場合と相通じるものがある。「お節徳三郎」は長大な「お初徳兵衛浮名桟橋」とは異なり、上・下、あるいは上・中・下に分けて演じられる程度の長さであるが、その前半部が独立し、陽気な滑稽噺になった事情は共通している。「お節徳三郎」は「〈お節／徳三郎〉連理の梅枝」として初代春風亭柳枝[12]（一八一三～一八六八）が創作したものとされるが、三代目柳枝（一八五二～一九〇〇）の速記が残されている。その冒頭では次のように語られている。

> 先頃本話《これ》は円遊小三《ママ》が鳥渡《ちよいと》申上ましたが、夫は真正《ほん》の中央《なかば》丈で御座いまして、全体此《この》お節徳三郎の御話は初代柳枝が一席の落し話で御座いますから其儘を柳枝が今日は落迄申上ますが、古い話で御座いますから昔の通りに申上ます。（『百花園』一八九三年六月五日～二〇日）

ここには円喬の「船徳」における態度に通じるものがある。柳枝の本家意識ないし従来演出の尊重の姿勢が見て取れるが、[13]「お節徳三郎」には、円遊あるいは、その落語改良の盟友二代目柳家小さん[14]（一八四九～一八九八）による改作があった。

まず「改良」元となった柳枝版の内容を確認しておきたい。大店の娘お節は奉公人徳三郎と深い仲になってしまう。そのことを噂で聞いた主人は、花見のお供に付いていった小僧を呼んで問いつめる。

口止めされていたため、言を左右にしらばっくれる小僧をだましだまし白状させ、お節と徳三郎のなれそめを聞き出す。以上が「上」で、別名「花見小僧」という。まれにお節と徳三郎の恋の発端を独立させ、「中」として演じることがある。その場合「隅田《すだ》のなれそめ」ともいう。続く「下」では、徳三郎はお店《たな》をやめさせられ、叔父に預けられるが、憤懣やるかたなく、お節の婚礼の席へ暴れ込んでお節を斬り殺し自殺するつもりで刀を買いに行く。しかし、刀屋の店主に覚られ、懇々と意見をされるが、そのさなかお節を探す騒ぎが聞こえる。お節は書き置きを残して婚礼の席から失踪していた。するとと徳三郎は、矢も楯もたまらず外に飛び出す。出会ったお節と徳三郎は入水心中を試みる。しかし、木場の材木の筏の上に落ち助かってしまう。「日頃信ずる日蓮様の庇陰《をかげ》、道理こそ御材木（御題目）で助かッた………」としめられる。この「下」を、別名「刀屋」という。上は旦那と小僧との掛け合いの滑稽さ、下は青年の短慮を諫める刀屋の主人の口説、咄嗟に心中に走る男女の心情を描く人情噺風演出となっている。(15)

円遊は「隅田の馴初《なれそ》め」（『百花園』一八八九年九月五日）の外題で口演しているが、上のみの改作である。その冒頭「エ、今日は先代柳枝の得意のお話で御座いまして、おせつ徳三郎と云ふ、お饒舌《しやべ》りの小僧さんの出る話を一席演れと云ふお勧めに任せて御機嫌を伺ひますが、今様に翻案《なほ》して滑稽を入れ、お小供衆《しゆ》が御覧遊ばしましてもお厭倦《あき》の無いやうな考へ」での改作であることが明示される。「先代柳枝」は初代柳枝をさすが、引き続いて円遊は、開化致しまして婦人流行《ばや》りに成りましたが、全躰《ぜんてへ》、婦女《をんな》ほど世にも尊とき者はなし釈迦も孔子もヒヨコ〳〵と生む、と申まして、御婦人はお徳な者で御座いますが。今を去る事二十四五年前《ぜん》の開けない時分のお話で、其頃は男子が随分意張つたもので御座いましたが、当今は男女《なんによ》同権てエ事に成りまして寔《まこと》に結構な訳で御座います。

と語る。円遊は確かに時代の「フェミニズム」に反応しているのだ。[16] ここには時代を「結構な訳」と受け入れる姿勢がある。しかし、同時に「婦人《をんな》はチヤンと四季に合つたものだと申ます」と言い、「春娘夏は芸者で秋娼妓冬は女房暮は権妻《ごんさい》」という狂歌に従い、女性風俗を歌い上げる。それは、

春はお娘子《むすめご》がチヨイとお眼に附きます。

川柳「見ぬ振りをしても眼に付く緋縮緬《ひぢりめん》」

で、赤い半襟に島田髷《しまだまげ》で珊瑚珠《さんごじゆ》の粒の揃つたのをお頭《つむり》へ掛けて、小間物屋が三百六拾三円五十銭で売り付けたのでげして、純益《もうけ》は何《ど》の位有りましたかソコまで探索は届きません。お召しは京縮緬の上等物で、これも現金で買つたか夫《そ》れ共宅《ともうち》へ来る呉服屋さんから通いで買つたか、そこも解りません。緋鹿の子と黒繻子の腹合せの帯を〆め、緋縮緬の蹴出しをピラツカせ、駒下駄の三尺六寸(余《あ》まり高過ぎますが)中高《なかだか》で横塗りの高木履《たかぼくり》を穿《は》き、人柄《ひとがら》の羽子板も浅草の仲見世で買つたんだか人形町通りで買つたんだかそこは解りませんでげすが、拾三円五拾銭てエのを直切《ねぎ》つて三

円八拾銭で買つたてエのでげすが仲間《あひだ》へ這入《へえつ》た者が五拾銭儲けたてエ、大変な羽子板も有るものでげす。其《その》羽子板をお持ち遊ばして嬢ちやん方が或は束髪銀杏髷唐子《からこ》天神若衆頭島田に丸髷散髪《ざんぎり》坊頭（嬢さん方に散髪ヤ坊頭は沢山有りません）、夫《そ》れでマア一月お飾りの前で白粉《おしろい》を粧《つ》け遊ばして、中には西洋風に白粉は忌《いや》だからペンキを塗るゝかてエのが有りましたが、ペンキ塗りなんざア余《あん》まり好《い》いもんぢやア有りません。

と語りだし、

ゴタ〳〵ワク〳〵して節季師走にお掃除も届き、奇麗事に往てます所へ
旦那「アイ、今来ました」
権妻「オヤ入《い》らツしやいまし。大層御緩《ゆつ》くらでしたことねエ」
旦那「ナニ宅《うち》のお飾りの事で鳶頭《かしら》が気を揉んだり、春の初荷にやア花車《だし》を二本出す趣向や何や角《か》やで大きに遅く成つたが、市へ往たか」
権妻「ハイ、薬研堀《やげんぼり》へ参りまして羽子板を十六枚買つて参りました」
旦那「他に何にか買つて来た物が有るか」
権妻「福寿草を五鉢に万年青《おもと》を一鉢買つて参りました」
旦那「ム、ー然うか。ナニ小遣が足りねエ。ぢやア三万五千円……」

と投《ほう》り出して遣るやうな仁《ひと》は有りませんが、御婦人方が斯《か》う云ふ旦那が有つたら宜《よか》らうと相談して居ましたが。中には婦人「妾《わたし》は美《い》い婦女《をんな》だから、早晩《いま》に立派な公族方《こうぞくがた》の奥さまにでも成つて黒塗の馬車に乗つて歩行《ある》く」

と思つてヌウーと為《し》て居ると往《い》けません。

狂歌「ビイドロを桜につるす標致《きれう》でも中ブラリンと成つて暮らすな」

で容顔《かほ》が美しいと思つて油断をすると転り落ちます。

と、旦那と権妻（おめかけ）の会話で結ばれる。「春娘」から始まり「暮れは権妻」の女性の当代風俗が語り出されている。とても「お小供衆」に受けるとは思えないが、四百字詰の原稿用紙にして一一枚余り、全体の三分の一程度を費やすものである。そこにある女性風俗は「男女同権」を謳う新しい女性像とは対照的なものなのである。この噺にはその一見相反する女性像が同居しているのだ。

花見のときのお節と藤三郎（円遊は徳三郎を藤三郎と変えて演じている）のようすを小僧は、

お嬢さんが妾《わたし》に謝罪《あやま》ては困るぢやアないかと云ふと、藤《とう》どんが亭主でも悪い事をすれば女房に謝罪《あやま》るのが当然《あたりめ》へで、男女同権《なんによ》てエことも聞いて居ますからてエと、お嬢さまが妾の考へでは男女同権と云ふのは両人とも学問が有ッて財産も有り、器量が同じでなけりやア同権とは云はれないツて然《さ》う云つてました。和郎《おまへ》が同権の剣なら妾《わたし》はサアベルだつて。藤どんが剣でお嬢さんがサアベルなら、小僧は小刀乳母《ばあや》ア出刃庖丁で尊公《あなた》は俎《まないた》だ。成程俎だ。

と洒落のめす。しかし、ここに、先に見た長大なマクラに「男女同権」への批判を見ることは当たらない。確認しなければならないのは、ここには新しい時代の状況、新しい言葉と戯れる楽天的な円遊がいる、ということなのだ。

円遊の「隅田の馴染め」の父親はお節に「学問も勉強させ何や角や教育も能く致して」いる。また藤三郎を「彼《あれ》なれば西洋人と話も出来るし予《わし》の家督《あと》を相続《つがせ》ても立派に繁昌して往《ゆ》く見込み」があると評価し「親類相談の上で内婚礼丈《だ》けは為《し》て有る」とされる。円遊は明治という時代に即応し娘を育て、家業の継続を考えている。いずれにせよここには心中沙汰の種はない。

柳家小さんの「お節徳三郎」

二代目柳家小さんの「〈お節／徳三郎〉恋の仮名文」（『百花園』一八八九年一〇月二〇日〜一一月五日）も次のように語り出されるが、内実は円遊作のものと同工異曲である。

エ、今日は、元祖春風亭柳枝の作《さく》致されました彼《か》の滑稽の、恋のかな文と云ふお節徳三郎の滑稽話を少々申上げます。現今《たゞいま》の柳枝は恰《てう》ど三代目に相成ますから、元祖柳枝の作致されました時と現今《たゞいま》とは余程時代も違ひますから、饒舌《しやべ》り工合に因《よつ》て新しい処も有りますし古い処も有りますし、新旧混淆《ごたまぜ》で御座いますが、孰れにしても諸君のお笑ひを専一《せんいち》にして饒舌ります〔後略〕

と語り出される小さんの作は、音曲ばなしとまではいえないが、お染久松の道行き、吉原雀の長唄、花の曇りの端唄などの歌や語り、また歌舞伎の舞台をまねた小僧の語りなどで賑やかな高座となっている。内容は小僧と旦那の掛け合いで、小僧がお節と徳三郎の馴れ初めを語るというものであるが、最後にはオチはなく、「さて是よりお節徳三郎は、首尾克《よく》自由結婚に相成ると云ふ、芽出度《めでたい》お話で御座います」と結ばれる。近代の男女観あるいは結婚観は円遊作よりあからさまである。花見で徳三郎が「お嬢さんの手を捕て土手へ昇《あがつ》た時」「年を取つてる人などは孫の嫁に為たい、ステツキを携へた人は僕のワイフに為たい、なんテ顛覆《ひつくりか》へるやうに騒いで居ました」という小僧のセリフ、あるいは徳三郎の食べかけの卵をお節が食べさせてもらったあと「サンキユウ、ベルマツチとお礼を云つた計《ばか》り暫時《ざんじ》無言で居ました」というやはり小僧のセリフ、それらはこの噺に明治の雰囲気を与えている(17)。

では、このお節と徳三郎の関係は恋愛だったのか。今見た卵の一件などかなり濃厚な接触のような気もするが、そもそもオリジナルに近いと考えられる三代目柳家柳枝版では、徳三郎の思いは、

馬鹿々々敷《し》いのは私だ。何も此方《こつち》が口説た訳ぢやア無し。乳母《ばあや》が色々に云ふから決して御主人の娘に然《そ》んな真似を為《し》ては済まないと断つたが、御前《おまい》が何《ど》う有つても嫌だと云ふとな嬢さんが死ぬ

と被仰《おつしや》る、然うして見るとお前は手を下《おろ》さんでも主殺しだ、何も忠義だから為ろ〳〵と云ふから、悪《わろ》く無い忠義故《ゆゑ》ツイ為て仕舞つたんだ。為《す》ると番頭さんが貴様が悪い〳〵と僅《わづか》な事に暇を出されたつて、其事《それ》が有ると思ふから詮方《しかた》が無いと思つて八年も奉公為《し》て居た御店《おたな》を其儘《そのまゝ》出されて、外聞が悪いけれども斯《こ》う為て叔父さんの処《とこ》へ厄介に成つて居るんだ。

というもので、義理がらみで純愛とはほど遠い。徳三郎はお節からの手紙を待っていたが、婿取りの話を聞いて「惚れる時には惚れて嫌ん成つたからと云つて然《そ》んな手前《てまい》勝手な奴が有るもんか……虚《う》言《そ》にも気休めの一言《ひとつ》も云つて断つて呉れゝば思ひ切つて仕舞《しま》はアネ。私はお嬢さんと那《あ》んな真似を為たからと云つて、決して聟に成らうの家《うち》を乗取らうのと云ふ然んな大胆の有る私ぢやア無い」と思いつつも「アヽー立派なお聟が来れば生存《いき》て居たつて詰らない、死んで仕舞ふ方が好い……死ぬ位なら一人で死ぬのは白痴気《ばかげ》て居るから今夜越前屋の家《うち》へ往《いつ》てお嬢さんを殺して死ねば、他人《ひと》はお嬢さんと情死《しんぢうし》為たと云ふ……イヤ止さう〳〵。然んな馬鹿々々敷い。人様に迷惑を掛けても詰らない」と考えるが「幾度か思ひ直《かへ》して頼めども頼み難きは心成りけり。何うもムカ〳〵為《し》て座つて」られず刀屋へ飛び込む。説得されるもお節の失踪騒ぎのなか刀屋を抜け出すと、徳三郎を慕って婚礼の席を抜け出したお節に再会。

徳「和女《あなた》今晩御婚礼で、御芽出度《おめでた》う御坐います」

節「ナニ御芽出度い事が有るもんか……ア、ー逢ひ度《た》かツた……徳や和郎《おまい》も知ツての通り親のお言詞《ことば》に背いた者だから、迚《とて》も生存《いき》ては居られないヨ」
徳「実の処私は和女《あなた》を殺さうと迄思ツたんです」
節「お前に殺されゝば妾《わたし》ア本望だワ」

と語りあい、入水する。果たしてこれは心中なのか。そこに愛があるのか。つくす女と、女に惚れられる優男という設定には人情本的なるものを感じ、徳三郎の思いにもそれなりの伝統性が見てとれ、説得力がないわけでもない。しかし、「自由結婚」にはほど遠い、はずである。

円遊・小さんの改作でも、二人の関係性は基本的には変わらない。円遊の「隅田の馴染め」では明言はされていないが、乳母が仲立ちしてお節の思いを遂げさせることははっきりわかる。また柳橋から乗る屋根船での二人の喋喋喃喃のさまにはお節優位が読み取れる。小さんの「〈お節／徳三郎〉恋の仮名文」では小僧の語る「お嬢さんの艶聞事件」に曰く、「店の徳どんがチョイと品行が方正《いゝ》処から、お嬢さんが娘心の一筋に、ア、云ふ人を……と大変に惚れて」思いが募る。間に乳母が入り説得する。

何卒《どう》かお嬢さんの云ふ言を肯《きい》て進《あげ》てお呉れ、旦那に内証でお嬢さんと和郎《おまへ》さんとの交情《なか》さへ出来て居れば、早晩《いま》に立派な媒酌人《なかうど》を立て当家主人《こゝあるじ》に成れば、お嬢さんの恋聟さまに成れるぢやアないか〔後略〕

徳三郎は「怪《けし》からん言を云ふ、大恩の有る御主人のお嬢さんと然《そ》んな事は出来ませんと謝絶《つゝぱね》る」。しかし乳母は諦めず説得する。

> 和郎《おまへ》如何《どう》してもお嬢さまの云ふ言を肯《きか》んとお嬢さまは恋に焦《こが》れて死んぢまふし、肯《きい》て進《あげ》ればお命が取留まる。旦那へ義理を立てるのもお嬢さんの命を取留めるも那方《どつち》も忠義ならば、お嬢さんの云ふ言を肯て助けて進《あ》げ、行々は当家《こゝ》のお聟さんに成れる事だから〔後略〕

このように小僧は二人の馴れそめを語り、「お染久松」の物語をそこに重ね合わせる。ここに見られる男女の関係は柳枝版のものとまったく同じであることはいうまでもない。

このような心中噺が、男女同権や自由結婚と結びつけられているのだ。しかし、当時の口演者も聴衆もそこに矛盾を感じてはいなかった。円遊や小さんの「お節徳三郎」に「近代」的男女観があるのか、恋愛があるのかと問われれば、答えは否であろう。また「封建的」な人間観に支配されているのかと問われてもそれも否であろう。大事なのは西洋的な「新しい」男女観と江戸期以来の物語的な男女観が同居しているということなのだ。決して溶け合っても、止揚してもいないが、生活の中に共存している。言い換えれば、日常性のフラットな関係の中で二つは共存していた。考えてみれば、「新しい＝進んだ西洋」対「遅れた＝因循な日本」、それとは逆に「外来的な西洋」対「本来の日本」といった対立も「知識人」のものではなかったのか。日常を相対化するメタレベルの観点がなければ対立は認識されないのかもしれない。熊さん八つぁんたちの日常の中では矛盾を感じることなく新旧の価値観が馴れ合っていた。むろんそれが可能になるのは、日常性への確かな実感、ないし信頼があったからに違いない。

(1)『落語の年輪』(講談社、一九七八年)による。同書からの引用のうち、明治期の落語速記や回想の部分は初出の表記に合わせ訂した。それ以外の速記の引用も基本的には初出の表記によるが、ふりがなは一部省略した。

(2) 若林は、速記法が説話を「其儘に直写」して「片言隻語を誤まらず」文章化すると、繰り返し強調するが、この「建前」は、額面通りには受け取り難い。もちろん、文章化された言語作品の常として、口演時の声の大小や抑揚の微妙な変化、そうした演者の〈芸〉を写し得ないことは論を俟たず、実際、円朝の高座に接した経験をもつ者が、速記本が彼の話術の凄みを伝えていないと証言した例も少なくないと清水康行はいう(『円朝全集』第一巻「後記」岩波書店、二〇一二年)。確かに速記は演者の「芸」を十全には伝えていないのかも知れない。しかし、噺の全体像や落語家の「高座ぶり」をつかむよすがとなるほとんど唯一のものであろう。

(3)『文芸倶楽部』は一巻一号(一八九六年一月)に円朝の「畳水練」を掲載。三巻一二号(一八九七年九月)よりほぼ毎号落語速記を載せる。

(4) 以下の叙述は、江戸・東京の落語に焦点化したものである。上方落語に関しては今は措く。関西圏の事情については前田勇『〈改訂/増補〉上方落語の歴史』(杉本書店、一九六六年)参照。

(5) 三題噺とは、寄席で客から任意の三つの題を出させ即興的に一つの噺とするもの。また三題噺の会は、同好の文人・粋人たちが集まりそれを行う一種の座の文芸。代表的なものに粋狂連と興笑連があった。仮《か》名《な》垣《がき》魯《ろ》文《ぶん》、山々亭有人《さんさんていありんど》、河竹新七《かわたけしんしち》、梅素玄魚《ばいそげんぎょ》、落合芳幾《おちあいよしいく》、山閑人交来《さんかんじんこうらい》などの他に、噺家の三遊亭円朝、春風亭柳枝、柳亭左楽、立川談志なども加わっている。

(6) 三遊亭円遊は三遊亭円朝門。実際は三代目だがこの珍芸で有名になったので初代とされる。ステテコ踊りは、尻っぱしょりで股引を見せて踊る滑稽なもの。初代三遊亭万橘は円朝門。ヘラヘラとは赤い手ぬぐいに赤い扇を手にして歌い踊るもの。立川談志は二代目桂才賀門、円遊同様、実際は四代目だがこの珍芸で有名になり初代とされる。釜掘りは羽織を後ろ前に着て、後ろひねり鉢巻、半開きの扇を襟元にはさんで踊る「二十四孝」の孝行者郭巨《かくきょ》にちなむ珍妙な歌舞。四代目三遊亭円太郎は円朝門。真鍮のラッパを高座に持ち込み端唄や都々逸のあいまに吹き鳴らす。また馬車の御者をまねてラッパを吹いたことから、東京の乗合馬車に「円太郎馬車」という呼び名が付いた。これら珍芸に関しては、永嶺重敏『明治の一発屋芸人たち』(勉誠出版、二〇二〇年)に詳しい。

(7) 長尾素枝は「円遊と云ふ人物がある。ステヽコと云ふ不思議な舞踊を発明して、妙な手つきをし、その大きな鼻を撫でながら、落語の型をドシ〳〵破壊した。〔中略〕客の意を迎へながらも、「この頃の高座は一杯やつて居なければ勤まらない」と云ふ歎声を漏らした。意識して破壊する者もあつたが、彼れ円遊は平気で型を破り、話を壊して素晴らしい人気を喚起した」と回想する(「寄席」『明治文化の研究』大鐙閣、一九二一年)。ここにはステテコ踊りで一世を風靡しながらなお円遊を落語改良に向かわせた内面の葛藤が見て取れる。この回想は続けて師の円朝の円遊を「名人だよ」と評価したことも伝えている。

(8) 前掲注1。

(9) 三遊亭円朝門。人情話を得意とし、三遊派の正統の名人とされる。円朝作の継承者として後代の亀鑑となる。

(10) 初代三遊亭円生門。人情話を能くし「八丁あらしの志ん生」の異名がある。創作の人情話は歌舞伎化されたものもある。

(11) 「船徳」のオチは現在、やっとのことで船から客を降ろすが、二進も三進もいかなくなった徳三郎が「そこらの船頭を一つ雇って下さいまし」などとするのが一般的。しかし、円遊のオチは船が佃島まで流される勢い。

「其中《そのうち》には助け船が来ませう」「串戯云つちやア困る」とのやり取りを語り、「後ちに遊船宿を出します船徳と云ふお慣染みのお話で御座います」としめる。暉峻によれば現在のオチが最初に見られるのは一九二〇年一月の三代目柳家小さんの速記（『講談雑誌』）という。一九〇五年三月、石橋思案、岡鬼太郎らの文化人を後援に、落語研究会が三遊亭円左、円喬、小円朝、円蔵らによって結成される。二〇世紀初頭、落語界は曲がり角を迎えていた。明治期の名人上手が世を去り、不況やほかの娯楽との競合のなかで、落語界は荒廃していた。そんななか落語を立て直すべく研究会が企図されたのである。古典「作品」としての落語を口演し鑑賞する、という現在の古典落語のあり方の基本が方向付けられた。その研究会に三代目小さんも参加する。円遊の落語改良の盟友であった二代目の正統な跡継ぎであった。「船徳」のオチの定着もこの文脈で捉えられなければならない。先述の暉峻文の中の「故桂文楽」もその流れの中にいた人であった。

（12）初代麗々亭柳橋門。人情話の名手といわれる。三題噺の会の主要メンバー（前掲注5）。「お節徳三郎」には各口演者によってさまざまな外題がつけられている。本稿では「お節徳三郎」は、その総称として用いる。「〈お節／徳三郎〉連理の梅枝」の外題は三代目春風亭柳枝の速記による。

（13）従来演出の「船徳」を口演した三遊亭円喬は、「後の船徳」（『文芸倶楽部』一九一二年四月）と題し、お初と徳兵衛の心中未遂まで口演している。円喬の旧作への執着が見て取れる。三代目柳枝にせよ円喬にせよ、彼らの速記には円遊らの落語改良に対する異議申し立てを見なければなるまい。

（14）初代柳亭燕枝門。禽語楼小さんとも。後に柳家禽語楼。滑稽噺を得意とし、円遊とともに落語改良に取り組んだ。

（15）「お節徳三郎」のあらすじおよび人名・固有名は演者によって微妙に異なる。今は三代目柳枝の速記に従う。

（16）「お節徳三郎」に女権問題を読み込んだ人に川上音二郎がいたという回想がある。それは「何でも筋は「おせつ徳三郎」なぞの焼直しらしく思つたが、互ひの親の政見が一致しない為めに、添ふに添はれぬ恋仲の男女が、抱合ひ心中か何かをして水へ飛び込むと、ジユウ（自由）と云つたとか云ふのがサゲだつたさうだ」（前掲注7「寄席」『明治文化の研究』）というものであった。川上音二郎は桂文之助（後の二代目曽呂利新左衛門）に入門、浮世亭◯◯《まるまる》と名乗った。円遊や小さんとの関係は不明である。心中ものに女性問題を見るのは自然であり偶然の一致とも思われるが、川上が高座に上がったのが一八八九年から五、六年の間と考えられるから、円遊、小さんとは同時代の芸人であり、満更無関係とも言えないかもしれない。

（17）　旦那は最後に小僧の生意気な態度をたしなめる。すると小僧は「生意気だツて、夫れは不可《いけま》せん。何程《なんぼ》主人の権だからツて、悪い廉《かど》も挙げないで妄《みだ》りに腕力を用ひては当家政躰おぼつかないかと存じ奉る」と応じる。滑稽な表現にせよ「権」への意識は明治的といって好かろう。

IV 長屋の比較文化論

9　都市空間のなかの長屋
――江戸東京とヴェネツィア

陣内秀信

はじめに――東京に受け継がれた路地と長屋

戦前の東京における庶民の住まいの典型は、長屋だった。関東大震災の後、東京がエネルギッシュに復興を成し遂げた時期にも、やはり木造の長屋が数多くつくられた。ただし、その復興事業で区画整理がなされた中心市街地では、防災上問題のある裏路地、特に袋小路状の路地は否定の対象となり、江戸時代から続いてきた長屋が並ぶ裏路地の空間の多くは失われる運命にあった。

一方、向島、京島をはじめ、近世には江戸周辺の近郊農村だったエリアには、震災復興期にあたる昭和初期に、路地と呼んでよい狭い道に面して長屋が数多く登場し、近隣住民たちの生活感のあふれる地域が広範囲に形成された。その下町的な雰囲気は、今もなお受け継がれている。地震・火災に弱い木造密集地区といわれがちなエリアだが、見方を変えれば、すでに一〇〇年近い時間を刻んだこれらの界隈も、東京にとって過去の記憶を伝える貴重な歴史地区といえる存在なのである。

江戸の遺伝子をもつ、より古い地区としては、根津・谷中、そして街道沿いの下谷(図9-1)、北千住、本郷など震災・戦災を免れた場所に、路地と長屋が今も多く存在し続けている(谷中の長屋形成はむしろ明治以後に展開した)。また、明治に形成され、関東大震災で被災したが戦災を免れた月島には、近代の通り抜ける路地に面し、昭和初期の長屋が数多く残っている。[1] 東京の近代を語るのに、長屋は欠かせない存在なのだ。

図9-1　下谷の路地に面する長屋

開発により市街地がどんどん更新される東京であるが、幸い、まだフィールド調査によって、長屋と路地の関係を実際に観察し、あるいはヒアリングを通じて、その姿、使い方、人々の暮らし、人間関係などを再構成することが可能となる。だいぶ前にさかのぼるが、筆者自身、イタリア留学から戻った一九七〇年代末に、学生たちと「法政大学東京のまち研究会」をつくり、台東区の下谷・根岸を対象にフィールド調査を行って、町家、長屋、そして武家住宅の系譜を継ぐ戸建て住宅などを実測、図化し、都市空間の文脈と結びつけて分析・考察した経験がある。[2] 以来、機会あるごとに東京各地に残る長屋、路地の観察を続けてきた。それと並行してヴェネツィアをはじめ、イタリアの諸都市で「都市を読む」調査、研究を重ねてきた。その経験と照らし合わせ、東京の長屋のあり方を比較の視点から再考してみたい。

日本版都市型建築としての長屋

近世日本の都市社会では、それぞれの身分に対応する建築の特徴ある形式が成立し、それが近代にもある段階まで継承されたという面白さがある。

まず武士階級は、大名屋敷、旗本屋敷、下級武家屋敷というランクによる規模と格式の違いはあるものの、〈屋敷〉を構える意識をもった「武家住宅」という類型でくくられる。商人は「町家」に住み、表に〈店〉を構え、奥に住まいを併設する日本独特の建築類型を発達させた。(3) 農民は、「農家」という広い土間のある類型の家に住み、周囲に空地をもった。

それに対し、もともと職人や店をもたない棒手振《ぼてふ》りの小商人、日雇い労働者をはじめ、浪人を含めた多種多様な都市民が住んだのが「長屋」である。明治に入り、近世的な身分制はなくなったとはいえ、町人地の構成や町家、長屋のあり方は近代化とともに変容しながらも、その形式が長らく受け継がれた。特に長屋の存在は、東京や大阪など、日本の大都市に広く見られる建築類型である。

そもそも長屋という存在は、大勢の人々が集合して住む日本版都市型建築の代表といってもよい。イタリアをはじめヨーロッパでは、古代ローマ時代の都市で、数階建ての建物に多くの家族が重なって住む、集合住宅の形式がすでに普及していた。日本風にいえば、アパートであり、一九八〇年代以後であればマンションの形式にあたるものである。古代都市が衰退し、中世に入ると小さな建物からの再スタートになるが、ある段階からやはり都市の建物は上に階数を重ね、近世には異なる家族が上下に住む形式が当たり前になった。パリやミラノをはじめ、どのヨーロッパ都市でも、こうした建物が連続し堂々たる街並みを今も形成している。採光、通風のため、中庭を巧みに配して、個人・家族のプライバシーと近隣との程よい付き合いをもちつつ、良好な生活環境を生んでいる。都市型建築の典型ともいえる理にかなった形式が確立し、それが今の洗練された都心居住を支えているのだ。こうした住まい方が当たり前で、それをあえて集合住宅とは呼ばない。

一方、日本でアパートメント・ハウスが登場するのは、大正から初和の初めにかけてである。その頃、上下に異なる家族が重なって住む欧米式の住み方が定着した。震災復興事業で登場した同潤会アパートメント・ハウスがその典型例で、再開発によりほぼ完全に姿を消したとはいえ、その設計やデザインの質の高さは今なお評価が高い。そこには、下町に受け継がれたコミュニティの精神を、近代建築の中に再度、実現させようとする高邁な考え方も見られたのだ[4]。

路地なしでは成立し得ない長屋の暮らし

こうしたアパートの登場前には、日本の集合住宅といえば、もっぱら長屋だった。長屋住まいは高密度で、背後に庭もなく、室内の空間は狭く限られており、その生活は住戸内で完結するはずがなく、路地のような外部の共有空間に依存することを前提に成り立っていた。人々の生活が路地にあふれ出るのは当然だった。その分、隣近所との付き合いは濃密だった。

長屋はもともと、一つの土地区画（江戸時代には町屋敷と呼ばれた）の中で、近世特有の社会関係のもとで生まれたものであり、表通りに面する町家（表店《おもてだな》）に対して、その背後の路地に面する裏店《うらだな》として建てられた。すなわち、この裏長屋に住む人たちはいずれも店借《たながし》と呼ばれる借家人であり、落語に登場する「八っつぁん」「熊さん」もこうした路地裏に並ぶ長屋を舞台に生活する人々であった。そこにご隠居さん、おかみさん、商家の大旦那、若旦那、番頭さんなどがからみ、路地を媒介とした親密な人間関係に基づく小さな共同体が成り立っていた。

西欧都市を見ると、複数家族で住む集合住宅は、基本的な住まいの空間は二階以上にとられ（エレベーターの「二階」は日本の二階を指す点にそれが見てとれる）、地上階は玄関、倉庫、サービスに特化する傾向がある。そのため、路上に家族の生活があふれて出ることは少なく、むしろ街路は公共空間の性格をしっかり確立している。

それに対し、日本の都市の伝統的な住まいは、先に見た身分の違いにかかわらず、どのタイプであっても、一階レベルが生活の中心であり、街路、路地、庭などの外部空間と密接に結びつきながら成り立っていた。特に、長屋にとっては、唯一の外部空間である路地とのつながりは、生活の延長空間として欠かせなかった。路地の奥に、コミュニティの象徴として稲荷が置かれることも多かった。

その外部空間としての路地への依存のあり方も、時代とともに変化した。江戸時代、長屋には、各戸に便所がなく、路地の一角に共有の便所がつくられていた。また、水道もガスもない時代、路地に設けられた共同の上水井戸から竹竿の先に取り付けた桶で水を汲み上げる必要があり、自ずと井戸端会議が生まれた。[5]水汲みの便宜に加え、煮炊き用に火を起こして七輪を使うことからも、台所は路地の側に置かれる必要があった。こうして人々の暮らしは、路地に大きく依存することになり、そのコモンスペースとしての役割は極めて大きかったと思われる。

フィールド調査から長屋を読む

幸い、明治初年(一八六八)に建てられたという本所三笠町の裏長屋の間取りが記録に残されている。間口が九尺(約二・七メートル)、奥行き二間(約三・六メートル)という江戸の典型的なつくりを見せ、平屋で前面に台所があるが、すでに便所が家の中に取られている。路地側に設けられた奥行き半間の狭い土間は、まだ玄関と台所に分化されず、多様に使われていたことがわかる。

我々「法政大学東京のまち研究会」がかつて実測調査した台東区の特に下谷地区には、町家が並ぶ表通りから入った路地群に面して、明治以後の様々な時期の長屋が存在し、その観察・分析から、近代化に見合う都市型建築としての空間の質を向上させた発展過程を描き出すことができた[6](図9-2・3)。調査当時は、地上げ屋がうろつくようになる時期よりずっと前だったこともあり、下町の人々は驚くほど寛容で、どの長屋でも我々は歓迎され、家の中を隅々まで見せてもらえた。路上で紙芝居を見ることができた最後の時期でもあった(図9-4)。

この地域の長屋は、間口は江戸時代の標準より広く、基本的に二間のものばかりだった。最も古い形式は、本所三笠町の裏長屋に似た平屋の長屋だが、すでに奥行きのある玄関と台所を分ける構成を

金杉通り（奥州裏街道）

英信寺

小野照崎神社

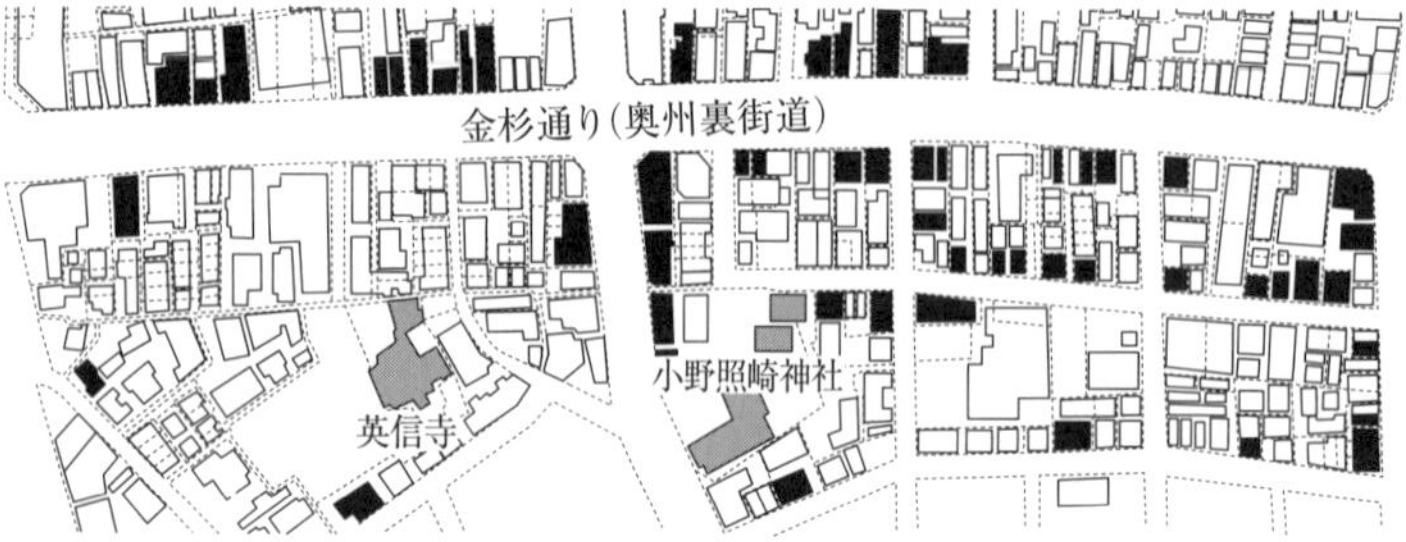

図 9-2　台東区下谷地区．■は町家，▨は長屋

aタイプ
明治

bタイプ
大正中期

cタイプ
大正末期

dタイプ
震災後

中の間

台所　玄関

中の間

台所　玄関

中の間

台所　玄関

台所

中の間

玄関

中の間　台所　路地

中の間　台所　路地

中の間　台所　路地

台所　中の間　玄関　路地

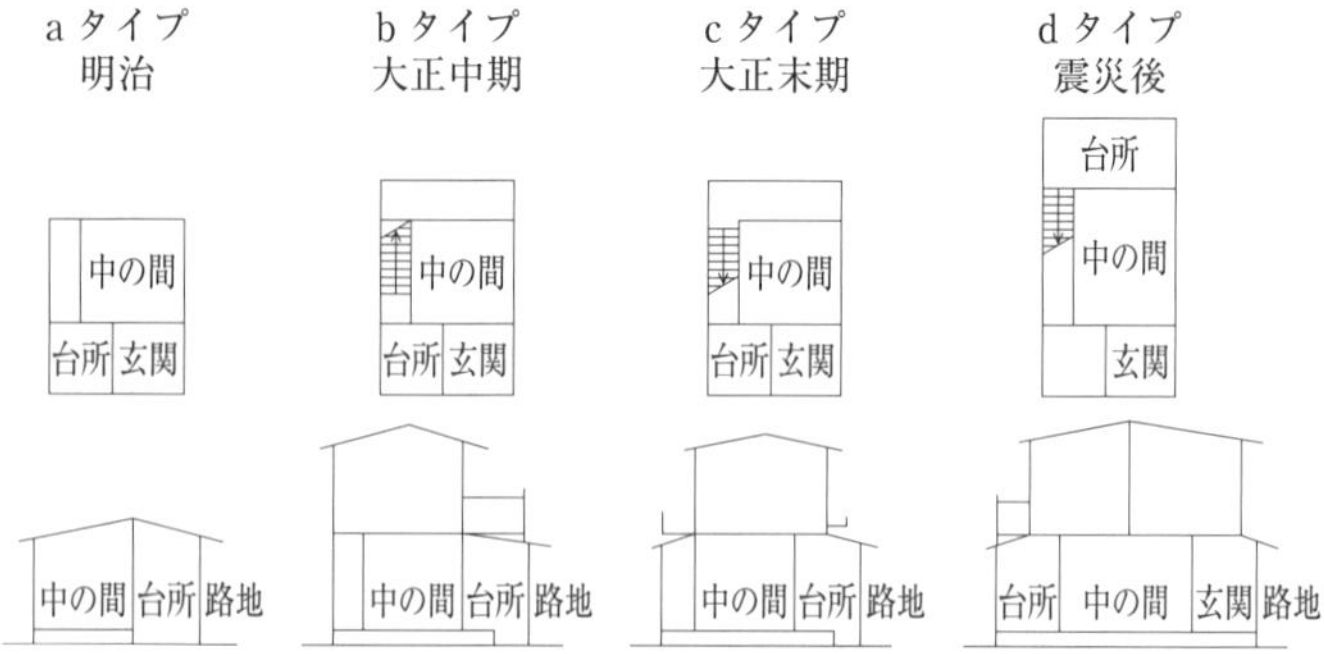

図 9-3　長屋の変遷

図9-4　紙芝居とそれを
見る子どもたち．下谷の
世尊寺門前

図9-6　bタイプの長屋，外観

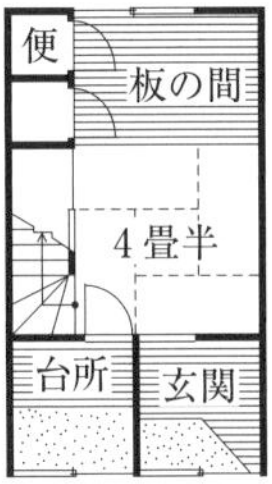

図9-5　図9-3のbタイプの長屋，1階平面図

とる点で、江戸より進化した形式を見せていた。

しかし、四畳半一室ではあまりに狭い。大正中期になると、二階建ての長屋が登場し、部屋数が増え、居住性がアップする。そこで注目されるのが、環境のことを考え、二階を少し後退させて前面に物干台を置く知恵であり、採光や通風条件を保証し、日差しをも路地に取り込んでいる(図9-5・6)。

震災後に進化した東京の長屋

震災後になると、路地裏の長屋のあり方に本質的な変化が起きた。それまで路地と切り離しては考えられなかった台所が、私的な生活領域である住居の後ろに回ることによって、一階の平面構成が大きく変化したのだ(図9-7)。その要因としては、各住居に水道が引かれ、共同の上水井戸がいらなくなったこと、さらには都市ガスの普及で台所作業の近代化が進んだことがあげられる。また、下町の庶民の暮らしの場にも、プライバシーへの配慮に少しは気を配り、住まいの居住性を改善したいという新たな時代の価値観による意識が働

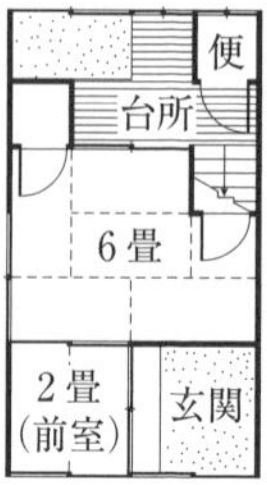

図9-7　図9-3のdタイプの長屋，1階平面図

図9-8　祭りの日の格子付長屋

いていたものと思われる。

こうした変化は、路地の景観にも反映された。それまで台所だったところが、二畳の前室としての部屋となり、路地に面する開口部には格子が取り付けられて、洒落た佇まいも生まれた（図9-8）。内部の使い勝手にも変化が見られた。従来の長屋は、玄関の扉を開くと四畳半か六畳の居間（中の間）が丸見えの状態だった。ところが、玄関脇に前室がクッションとして置かれると、玄関の土間の奥が壁となって視線を遮り、動線も直角に折れ、前室を通って中の間に入る形に変化した。

こうして台所を背後に回し、立派な玄関装置を獲得した長屋は、必ずしも路地に全面的に依存しなくてもよくなる。昭和初期には、一般の街路に面する立派な長屋も登場しはじめた。玄関の上に三角形の破風《はふ》を設けたり、ランプで飾るなど、ちょっとした風格をもつ長屋も現れ、日陰でも育つヤツデ等を植えることも流行した（図9-9）。

東京の各地に存続する長屋の多くは、こうした震災後の昭和初期の建物だと思われる。江戸時代の長屋と比べ、格段の進化を遂げ、日本を代表する都市型建築として、ずっと住みやすい器となった。それでも、後に述べるように、長屋と路地が生み出す独特の人間関係、近隣コミュニティのあり方は、戦後もずっと続いてきたといえる。

路地を生んだヴェネツィアの都市環境

ここで目を転じ、東京と同じく水都の性格をもつヴェネツィアの庶民の生活空間を見てみよう。ラグーナという浅い内海の上に浮かぶヴェネツィアは、中世の早い段階から、この特殊な自然環境を読みながら、独自の都市形成を成し遂げた。水と共生する不思議な環境に生きるヴェネツィアの人々は、自分の都市を世界でもここにしかない città unica（唯一無二の都市）だとして、自慢する。

図 9-9　表の道路に面する図 9-3 の d タイプの長屋. 右端の家の玄関わきにヤツデが見える

歴史が古く独自の論理でできた南イタリアの都市はまた事情が異なるが[7]、中北部のイタリア都市では、路地は滅多に見られない。ところが、特殊な条件のもとで発達したヴェネツィアだけは別格で、いたる所に路地が存在する。この都市には、歴史的な形成において、全体計画は存在しなかった。教区教会を中心とする数多くの小さな島が七〇ほど、寄木細工のように集まって、ヴェネツィアという都市全体を形づくったのだ。島と島の間にはリオと呼ばれる小運河が巡らされた。

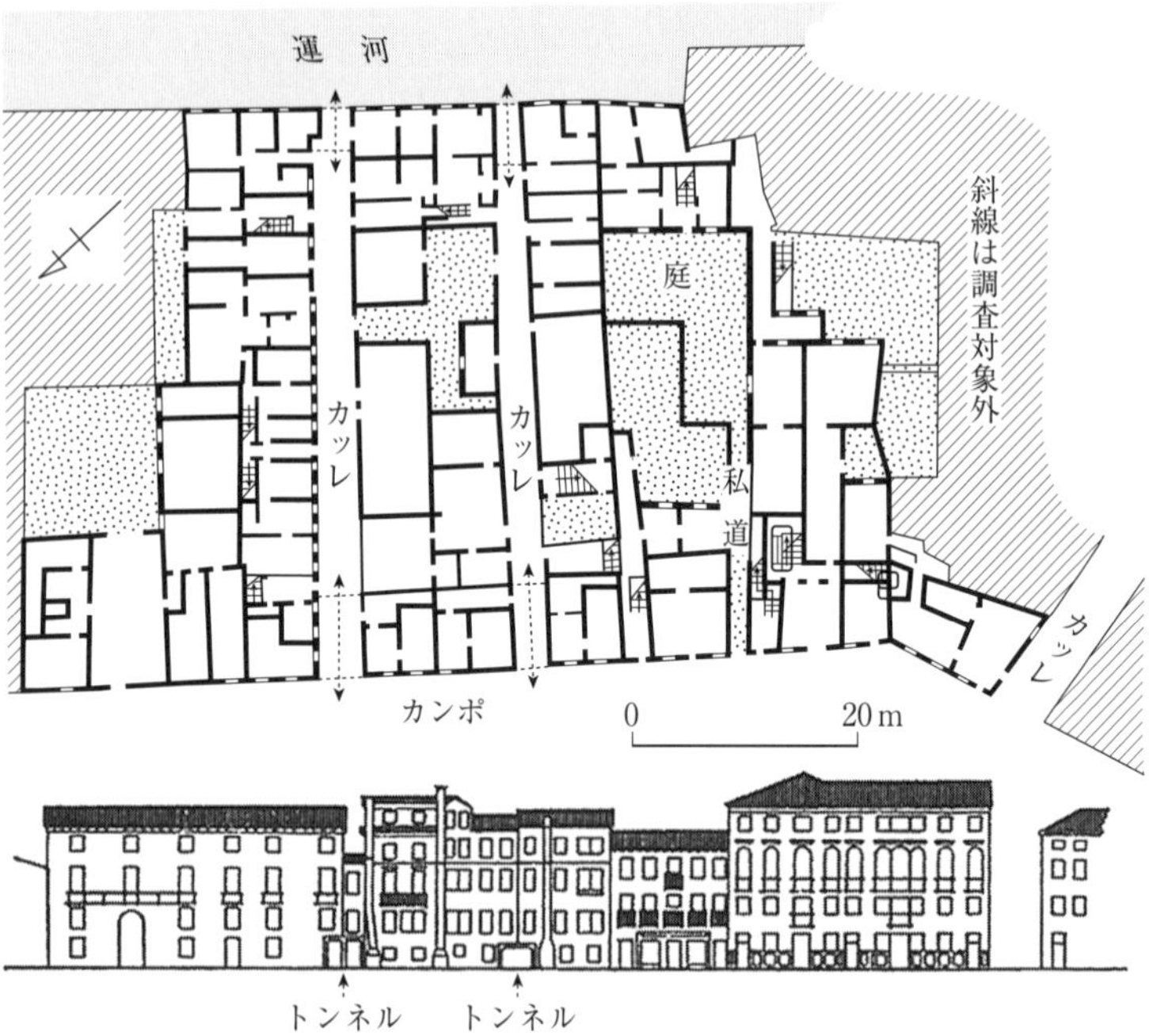

図9-10　サン・ジャコモ・ダッローリオ地区のカッレ群

そして、それぞれの島ごとに、部分から積み上げるまちづくりが展開した。教会のまわりにカンポと呼ばれる広場が形成され、それを中心とする地区の構造があちこちに生まれた[8]。土地の条件に合わせ、曲がった運河に沿うように全てが作られており、広場も自ずと不整形になる。

生活感あふれるカンポのあるサン・ジャコモ・ダッローリオ地区を観察してみよう。広場を囲む最も重要な南東の壁面に目を向けると、二カ所にトンネルが抜け、そこから広場に直交する路地(カッレ)が平行に入り込んでいるのを発見できる(図9-10)。この街では、都市空間の構成要素のすべてにヴェネツィア方言の名称がついており、トンネルはソットポルテゴ、路地や小道はカッレと呼ばれる。これらのカッレは裏の運河に垂直に行き当たり、そこに小舟を乗りつけた人々にとってのサービス路として使われる。隣の島に通じる公道と、現在は私道となった路地を加えると、ほぼ等間隔に通る四本の路地が、運河と広場を結んでいる様子が浮かび上がる。そしてそれぞれのカッレによって、長屋風の住宅群が組織されている(9)。

実は、こうして運河と島の内部の共有空間(広場)を結び、路地を何本も引いて住宅地を組み立てる構造は、ヴェネツィアの都市形成の初期段階にあたる中世の早い時期(九〜一一世紀)に登場したものだと考えられている(10)。それを裏づけるように、ラグーナに浮かぶ周辺の古くて素朴な空間構造をとどめる漁師町、ブラーノ島に行くと、同じように、何本もの路地に面して並ぶ住居群を見ることができる。共有空間としての大切な路地を、家庭の主婦がモップで掃除する姿が印象的だ。

庶民の暮らしに欠かせない路地と共同井戸

一四世紀のゴシック時代に北側のサンタ・ソフィア地区に形成された一角に、路地に面して伸びる典型的な長屋型の庶民住宅が見られる(図9-11)。六つの住戸からなる三階建の、路地の方向に長い建物で、路地は運河に面した建物の下でトンネル状となり、いかにもヴェネツィアらしく、船が着ける階段が設けられている。庶民の典型的な家のつくりを示し、一階は入口と倉庫(職人の工房にもなりうる)、二階が居間と台所、三階が寝室という構成をとる。シンプルだが、ゴシック様式の連続アーチ窓がヴェネツィアらしさを演出し、台所の炉から立ち上がる煙突も外壁の装飾的要素となる(図9-

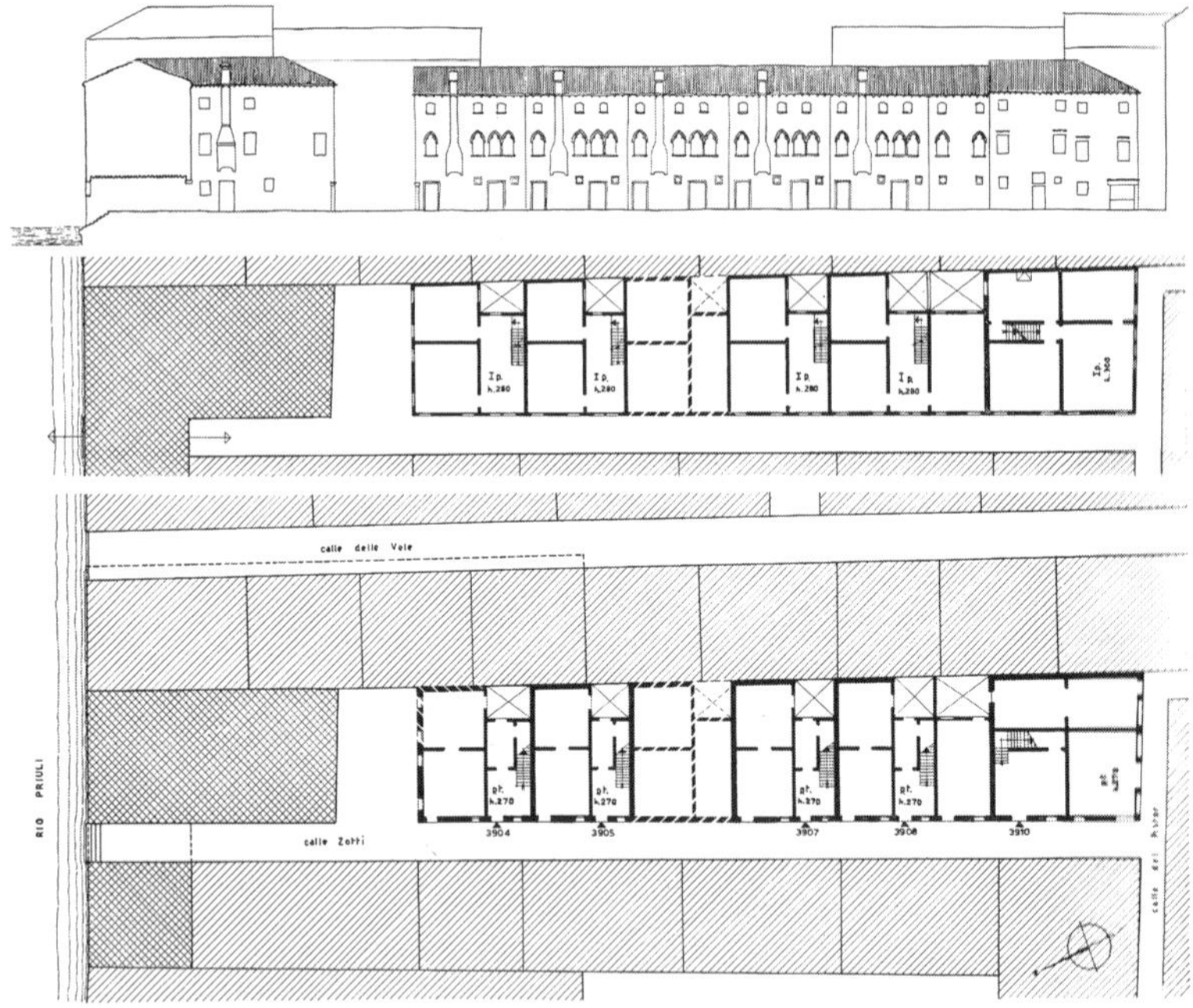

図 9-11　サンタ・ソフィア地区の路地と長屋．平面図(1・2 階)(下)と立面図(上)(P. Maretto による)

図 9-12　2 階にゴシック様式の連続アーチ窓がある長屋

12）。まさに路地と長屋の典型例で、ヴェネツィアらしい庶民の都市空間といえる。[11]

近代以前のヴェネツィアには水道はなく、飲料水は雨水を溜めた貯水槽（井戸）から得た。貴族は自分の邸宅の中庭にそれを設置したが、古い地区の多くの住民は、カンポに設けられた公共的な井戸（貯水槽）に汲みに行った[12]（図9-13）。

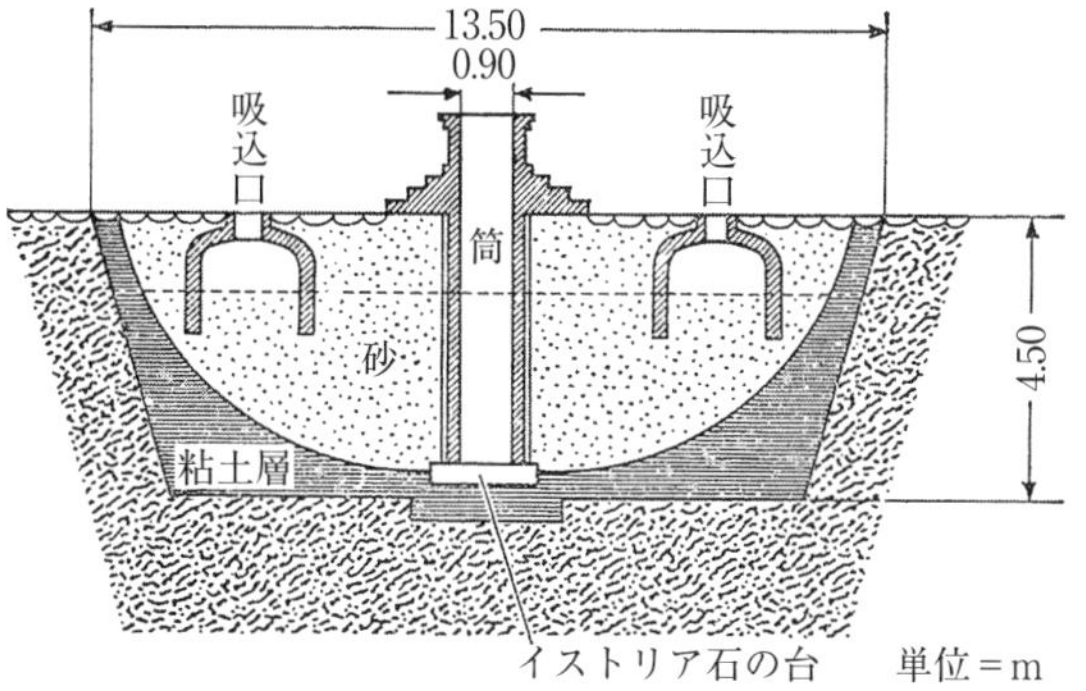

図9-13　井戸の構造図（E. R. Trincanato による元図を加工）

だが、中世後半になって、まわりの湿地を造成して形成されたエリアでは、路地（カッレ）を広めにとって、そこに共同井戸を設ける手法が広がった。こうなると、近隣コミュニティの共有スペースとしての路地の意味、役割がより大きくなったと思われる。

街の東側に、一五世紀に共和国によって建設されたコルテ・コロンネの海員住宅を見てみよう。共和国のために命をかけて東方の海へ乗り出す船乗りに対し、その家族への社会保障として提供されたものである。まったく同じ構成の、立派な長屋といえそうな細長い三階建ての建物が平行に三棟並び、全体で五二家族が居住できる。それぞれの棟の間には、カッレとカンポの中間形態の集合的スペースがとられ（コルテと呼ばれる）、共同井戸（貯水槽）も備えられていた。現在も市営の庶民住宅としてそのまま使われている[13]（図9-14〜16）。

図 9-14　海員住宅．長屋立面図（E. R. Trincanato による）

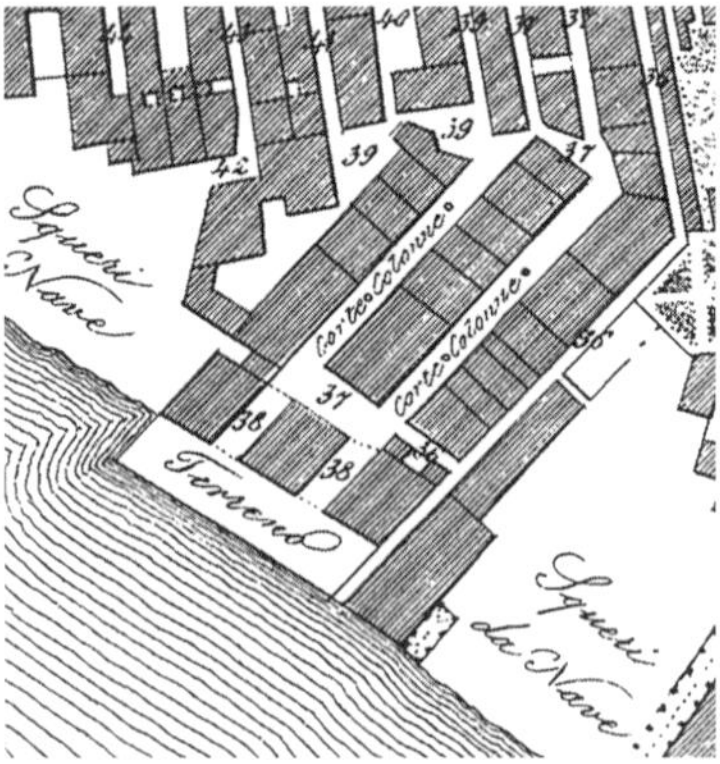

図 9-16　コルテ・コロンネの海員住宅．1846 年の地図．井戸も記される

図 9-15　井戸のある広い路地

興味深いのは、まるでナポリの庶民地区のように、このコルテの上空に、両側の建物を結んで何本ものロープが渡され、堂々と洗濯物が干されている光景である。対面同士の住民が、まるで契約を結ぶかのようにお互い示し合わせ、壁に滑車を設けて、ロープを手繰り寄せられるように工夫しているのだ。こうして空中を有効に利用する代わりに、路上の壁際には、日本のような盆栽、植栽はいっさいない。公と私の間が壁一枚で見事に区別され、路上に私物があふれ出ることはない。そもそも、古い時代のこうした建物では、一階には人は住まない。この辺が日伊の都市の仕組み、社会的仕組みの違い

といえそうだ。とはいえ、そこは子どもたちにとっての格好の遊び場であり、おかみさんたちの賑やかな交流の場となる。東京下町の路地と同じコモンズとしての集合的な空間なのである。

カンポのみか、こうした広い路地に共同の井戸が設けられ、まわりの長屋に住む住民達に飲料水を供給していた様子を、ヴェネツィアのいたる所で観察できる。さらに進化した長屋には、屋根に落ちた雨水を誘導し、建築内部に二戸ずつで共有する貯水槽(井戸)を設けるという優れた工夫も見られる⑭。ヴェネツィアはまさに路地と長屋の街といっても過言ではない。こうした歴史的な経験を市民が共有するヴェネツィアでは、皆で一緒に都市に住むというスピリットが今も失われていない。

図9-17　サン・パンタロン地区の広い路地，19世紀(*Calli e canali in Venezia*, 2012より)

歴史の記憶を受け継ぐヴェネツィア

一九世紀におけるサン・パンタロン地区の広めの路地(コルテ、またはカンピエッロと呼ばれる)での生活風景を撮影した貴重な写真が残されている(図9-17)。真ん中に共同井戸を置くこの共有空間としての路地は、近隣住民にとって、日々の暮らしに欠かせない重要な生活環境だったことがよくわかる。北のサ

図9-18　コルテ・ノーヴァの共同生活, 19世紀（*Calli e canali in Venezia*, 2012より）

ンタ・カテリーナ地区に位置するコルテ・ノーヴァの同じ頃の写真は、このコルテが様々な活動の場となり、さらに賑やかな雰囲気に満ちている状態を伝える（図9-18）。

カンポが多くの住民に開かれたパブリックな広場だとすると、こうした広い路地は限られた数の住民にとってのセミパブリックな空間ということになろう。まさに、江戸東京の路地のあり方、役割とよく似ている。

そもそも、ヴェネツィアも江戸も、徒歩と船の行き来を中心に成り立つ「水の都市」として形成され、人間的な尺度をもとにその空間が組み立てられた点で共通していた。どこまでも真っ直ぐに伸びる広い道は限られる。地区のコミュニティの場になるほど、小さなスケールを重んじ、都市空間が細かく分節される。その中で、路地や横丁を重要な生活の場とする共通の発想が生まれたと考えられるのだ。

ヴェネツィアでも一九世紀後半、都市の近代化の進展とともに、本土から水道が引かれ、広場や路地の共同井戸（貯水槽）は役割を終えた。だが、島の共同生活のモニュメントとして、井戸の地上部分はほとんどそのまま残され、近隣コミュニティの象徴的なオブジェとなっている。その形態の様式的な特徴からビザンチン、ゴシック、ルネサンスなど、設けられた時代が読み取れる(図9-19)。

近代化とともに、このヴェネツィアにおいても、生活様式や住民の人間関係はもちろん大きく変化してきた。観光への依存が高まり、生活感が失われてきたことへの強い批判もあるが、高い価値をもつ歴史的な街並み、都市空間は、リノヴェーションによって個々の建築内部を現代の空間に再生しながら、その形態を見事に受け継いでいる。先に紹介した一九世紀の写真(図9-17・18)に撮影された路地も、機能や役割が変化し庶民性をやや失ったとしても、新たな時代に合った魅力や価値を高めつつ、基本的には同じ姿で今も存在している。

図9-19　ビザンチン様式の井戸．ヴェローナ産の赤大理石を使う

東京の近未来に向けて路地、長屋から学ぶこと

一方、東京は、バブル崩壊後だいぶ時間が経過したが、近年、再開発の動きがまた強まり、木造の長屋が並ぶ路地の界隈が急速に失われつつある。

そんな厳しい状況の中、月島の市民グループが、佃島・月島を舞台に、「心に残る、未来に残したい記憶、佃島・月島百景」と銘打って、地元をよく知る様々な立場の高齢者の方々にインタビューを行い、動画として記録する貴重な活動を展開している。そこでも月島の路地の風景がしばしば語られる[15]。

昭和一〇年代、二〇年代、そして三〇年代について、興味深い思い出話が続くが、少なくともその頃まで、路地の生活風景はさほど変化なく、鉄鋼などの産業と暮らしが一体化した月島地域らしい下町的コミュニティの賑やかな姿が見られたことを証言している。

縁台で夕涼みをするお年寄りや、晩のおかずの残りで楽しげに酒を飲み交わす親父たち。路地内の空き地の洗い場に集まり賑やかにお喋りするおかみさんたち。子どもたちの社交場だった行きつけの駄菓子屋。縄跳び、めんこやビー玉遊びに興じ、また路地から路地を渡って鬼ごっこや隠れん坊をした話。思い思いに懐かしそうに語る地元の方々の表情が印象的だ。植栽、植木鉢が路地を綺麗に飾る光景(図9-20)は、戦後の昭和二〇年代まではまったく見られなかったという。まだそんな余裕はなく、人々は路地で助け合いながら日々の暮らしを送っていた。

こうした路地と長屋に象徴される下町的な生活空間の歴史の蓄積、その遺伝子を完全に捨て去って、タワーマンションが林立するだけの再開発が進行する今の東京。先に述べた西欧社会が、歴史の中で確立された都心居住の形式を守り、魅力ある都市のライフスタイルを謳歌しているのに対し、東京では、近代に確立した長屋という日本版集合住宅の優れた遺伝子を、その後、時代の要請に見合う形で魅力的に発展させることが残念ながらできなかった。前述した同潤会などの昭和初期のアパートメント・ハウスはあったものの、やがて戦時体制下に入り、都市は否定の対象とさえなった。やがて戦後復興から高度経済成長期にかけて、郊外への都市拡大が進むと、人々は都心を捨て緑豊かな郊外の団地へと移り住み、都心居住の新たな型を探求する試みはほとんど登場しなかった。そして二一世紀となったこの二〇年、東京でも、成熟社会に入って都心居住が見直されるようになった。ところが、結果としては、従来の低層の木造住宅地をタワーマンション群が見下ろすという、ギャップばかりが目立つ、先進国としてはいささか寂しい光景が各地に生まれている。

かつての東京下町の住民にも、ヴェネツィアをはじめイタリアの都市に住む人たちが語ってくれる「家に住むより、むしろ街に住む」という共通感覚が同じようにあったはずだ。今の東京に増えつつある高層集合住宅に居住する個人主義に固まった人たちの間には、それが決定的に欠けているように思える。

図 9-20　高層マンションに囲まれつつ残る月島の路地

長い時間をかけて育まれた長屋と路地を舞台とする都市居住の貴重な歴史的経験を、単なるノスタルジーの世界に留めたのでは、あまりに惜しい。近未来の日本の都市にふさわしい、生活感のある都心居住の新たなスタイルを創り出すための発想の原点として、そこに大きな意味を感じ取りたい。

（1）志村秀明『東京湾岸地域づくり学』鹿島出版会、二〇一八年、七五～八五頁。
（2）陣内秀信・板倉文雄他『東京の町を読む——下谷・根岸の歴史的生活環境』相模書房、一九八一年。
（3）陣内秀信『東京の空間人類学』筑摩書房、一九八五年、四九～五一頁。
（4）同右、二八五～二九六頁。
（5）竹内誠監修『江戸時代館』小学館、二〇〇二年、二〇〇～二〇三頁。
（6）前掲注2、一六六～一七七頁。
（7）陣内秀信『イタリア都市の空間人類学』弦書房、二〇一五年、一六九～一七六頁。南イタリアのプーリア州、シチリアなどに袋小路の空間が多く存在する。そこにイスラーム世界からの影響を見る説もある。E. Guidoni, 1982, *Vicoli e cortili*, Palermo: Edizioni Giada.
（8）陣内秀信『ヴェネツィア——都市のコンテクストを読む』鹿島研究会、一九八六年、二五～七五頁。
（9）陣内秀信『都市のルネサンス——イタリア建築の現在』中公新書、一九七八年、二八～三一頁。
（10）S. Muratori, 1960, *Studi per una operante storia urbana di Venezia*, Istituto poligrafico dello stato, pp. 29–30.
（11）P. Maretto, 1960, *L'edilizia gotica veneziana*, Istituto poligrafico dello stato, p. 62.
（12）G・ジャニギアン、P・パヴァニーニ「ヴェネツィア——都市の建設過程と真水の確保」陣内秀信・高村雅彦編『水都学I』法政大学出版局、二〇一三年、一九～四七頁。
（13）E. R. Trincanato, 1948, *Venezia minore*, Edizioni del Milione (ristampa, Cierre Edizioni, 2008, pp. 134–140).
（14）G. Gianighian, P. Pavanini, 1984, *Dietro i palazzi-Tre secoli di architettura minore a Venezia 1492–1803*, Arsenale Editrice, pp. 136–139.
（15）宮本季依氏と志村秀明氏が中心となり、中央区文化推進事業助成（二〇一八～二〇二〇年度）を得て、多くの住民のインタビューを動画で記録した。http://tsukishima100.com/?p=2981

10　上海の長屋と滑稽戯

高村雅彦

中国の話芸

落語が都市を支える物語として機能し続けてきたとすれば、都市のアイデンティティもまた物語のなかで再生産されてきたという側面があるだろう。

中国には相声《シアンシェン》と呼ばれる話芸がある。その起源には諸説あるが、清末の一九世紀中期にとくに盛んになったという(1)。三代広重の木版画「東京滑稽名所 上野公園地支那人の戯むれ」(一八八三年)には、ちょうどそのころの上野公園で、中国人の演じるお笑いの様子が描かれている。そもそも、日本の落語には「三軒長屋」「長短」「まんじゅうこわい」など、中国の笑い話に由来するものが多い(2)。相声には一人で行う単口相声、二人が掛け合う対口相声、三人以上で演じる群口相声があり、いずれも日本語では「中国漫才」と訳されるのが普通だ。だが、ストーリー性がきわめて強く、まくら・主題・オチといった構成からなり、なんといっても同一の作品を複数の芸人が得意とし、名人の場合は氏名を冠した相声集も出版されているというから、日本の落語に近いと指摘する意見もある。[3]

一九四九年の新中国建国後は、政治的、教育的内容が盛り込まれ、政策宣伝の意図が含まれたが、やはり落語と同様に、伝統的なものには都市や住まいを舞台とする庶民の暮らしを題材としたものが少なくない。たとえば、北京の四合院《しごういん》という伝統的な住居を舞台にした例では、中庭を挟んで東の棟に住む兄と西の棟に住む弟が、中国各地の方言で話すとどうなるかを掛け合う演目が面白い。夜中に弟が扉を開けて外に出ようとすると、向かいの兄がどうしたのと顔を出すシーンだが、普通なら二言三言で用は足りるはずだ。しかし、日常的に使用される北京語ではくどくどと二〇〇語以上になり、洗練された北京語なら四言一六文字、山東方言ならもっと短くて四言一二文字、上海方言なら四言八文字になり、そして最後に河南方言では四言四文字、つまり一言一句の「誰?」「我」「咋(何)?」「溺(小便)」で済んでしまうというお笑いである。[4] 皇帝の都の北京らしく、儒教の教えの長幼に則った兄と弟の住むべき方位を説明しながら、広大な中国にあってそれぞれの地方に個性的な気質を掛け合いの長さで表現しているのである。

北京語、上海語、広東語などの中国の方言は、日本とは異なり、互いの意思疎通がまったくできないほどで、ほぼ外国語を聞いているに等しい。したがって、こうした話芸も各地で独自のものが生まれた。たとえば、上海には一九二〇年代に誕生した、落語と同じ一人話芸の独脚戯《ドゥジアオシー》があり、それをベースとして一九四二年前後に発展した滑稽戯《ホアジーシー》がある。[5] 相声と同じく一人、あるいは複数人で行われるもので、立ったまま、あるいは椅子に座ったり、楽器を奏でたりして話が進む。当初は、庶民の集まる巷の露天や茶館、有名な大世界や新世界といった娯楽場で演じられていたものが評判となってラジオでも流されるようになり、新中国建国後は劇団によって舞台背景や小道具が整った劇場で上演され、人気のある演目は映画にもなった。

滑稽戯「七十二家房客」

落語で語られる長屋のありかたには、現代人が江戸に期待するものが凝縮され、聞き手はそのユートピア的仮想空間に生きる人々に共感を覚える。

上海の長屋を舞台にそこに住む庶民の物語を描く「七十二家房客」は上海滑稽戯の代表的な演目で、中華民国期（一九一二〜一九四九）の茶館などで行われていた独脚戯が、新中国建国後に劇団による大掛かりなものとなり、一九五八年からはいくつかの劇場で公演が開始され、その後は広東省や四川省でも地元の団体によって上演された。一九六三年には映画も製作されている⑥。劇場公演や映画となると落語のイメージからは遠く離れるが、オリジナルは独脚戯という一人芝居の話芸であって、その舞台化、映像化に、当時の人々が期待する庶民のユートピア的仮想空間と、そこに生きる人間たちに共感を覚えた点は同じだろう⑦。

設定は、一九四七年の上海の長屋を舞台に、大家と店子たちがいざこざを引き起こすというものである。登場人物と出身地は、大家（上海）とその手先となる警官（山東）に加え、店子には革職人（蘇北）、クリーニング屋（寧波）、仕立屋（蘇州）、たばこ売り（寧波）、大道芸人（上海浦東）、餅売り（山東）のほか

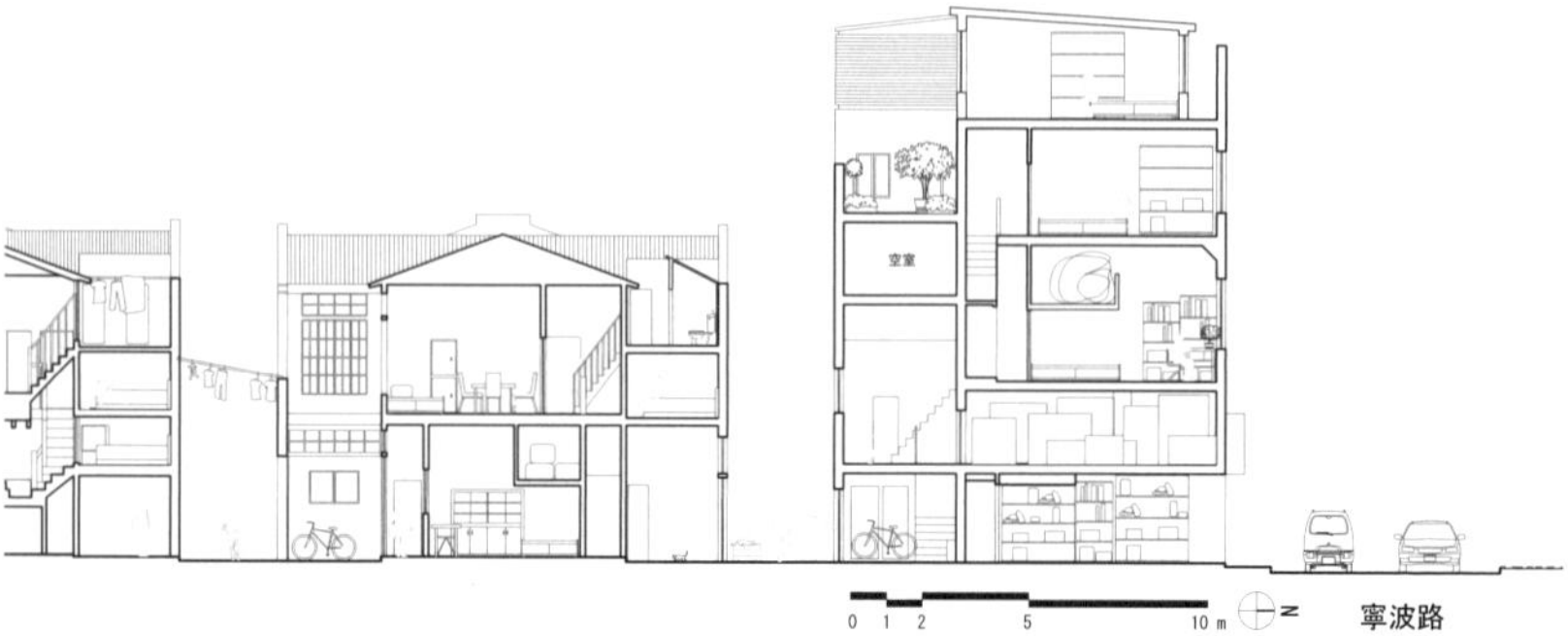

で3列の長屋が平行に並び，各戸は左から表門―前庭―居室―後庭(厨房)―裏門と向かい合う

に医者(紹興)やダンスホールの踊り子(上海)がいて、上海市内の各地区と上海に隣接する浙江・江蘇の諸都市を出身地とする人々の方言による掛け合いが見どころである(8)。再開発で長屋を妓院に建て替えてひと儲けをたくらむ大家に対し、それに反対する店子たちが団結して対抗するというあらすじに沿って話は進む。

映画では、大家は洋館の二階に住み、その足元に店子の部屋が並ぶ。とくに、洋館の一階には天井との間に床を張るロフトに似た小さな中二階が増築され、革職人の若者はそこに住み仕事をする。このような部屋を分割して狭小な空間を生み出すケースは、住人の又貸しによるのが一般的で、実際にも現地に残る長屋で数多く見てきた。

そもそも、新中国建国以前の上海租界の土地所有者は外国人資本家であり、その土地の権利を買って外国人や中国人が長屋を建設し、次にその賃貸を管理しながら、次々に又貸しされて血縁関係のない雑居状態になることが上海の長屋の特徴といえる(9)。その背景として、急激な人口増加に加え、一八四五年にイギリスが「第一次土地章程」を発布し、土地の借地方法の確定、永久借地

図 10-1　里弄断面図(寧波路の慈安里). 中央の 3 棟が里弄の長屋. 路地を挟んの構成をとる. したがって, 右手の家の表門は, 路地を挟んで, 左手の家の裏門

権の保証、独占管理権の承認など、外国人に都合のよい制度ばかりを清朝に認めさせたことが大きい[10]。一九〇〇年ころまでには、中国人が外国人から土地を借りて建築にあたることが普通となり、本稿で取り上げる新建小区の福州路沿いでも、一九〇三年に上海で最も著名な資産家の一人であるサッスーンの土地を、リー・コンウーという中国人ディベロッパーが借り受けて店舗を改築した例がある。

上海の里弄

こうした長屋を上海では里弄《りろう》と呼ぶ[11]。路地に面した建物を左右に等間隔に分割して連続させる住居をいい、日本の長屋とそれほど大きなイメージの違いはない(図10-1)。「里」は「中(なか)」を、「弄」は中国の南方で「路地」を意味する。つまり、里弄とは街区の中につくられた路地なのであって、それが長屋と一体となって存在することから、里弄といえば街区内部の路地に面した長屋群という認識が一般的となった。華麗な装飾が施された門をもつ石庫門《せっこもん》の里弄はとくに有名だ。一九世紀中期以降のアジアの都市開発では、中下層の庶民に対して早急に住居を供給する必要があり、この種の長屋があちこちで建設された。上海もまた、街区の四周に店舗群を配し、内部を路地と一体となった里弄で埋め尽くすという、土地の有効活用を追求した都市開発が普遍化していく。太平天国や小刀会の混乱から逃れて多数の中国人が租界のある上海に避難した一八六〇年代中期以降は、その傾向がますます顕著になった。そこに住む人々は公務員や通いのビジネスマンではなく、多くが自営の小さな商売を生業としていたから、それらの長屋は単なる住まいではなく、店舗や作業場、さらには倉庫や旅館を兼ねることもある。いわば近代上海にとって、里弄は都市を急速に開発し運営するための「万能の器」として機能したのである。こうした里弄が、上海では一九八〇年代まで旧市街地の七割近くをおおっていたといわれるほど多かった。とにかく、上海に住んでいるといえば、よほどの金持ちでない限り里弄に住んでいたのである。

たとえば、中国近代の著名な文学者であり歴史学者でもある郭沫若《かくまつじゃく》と二番目の夫人の佐藤富子との間に生まれた次男の郭博《かくはく》が次のように記憶を綴っている(12)。

私が初めて九州から上海に渡って弄堂の石庫門の家に住むことになったのは多分、一九二一年の晩春だったと思う。当時、私はやっと歩き出して半年ぐらいの幼児だった。その家は、今でも銅仁路と延安中路に面した一区画の中にある。そこから芝生の庭園越しに、ハートンの赤煉瓦建ての宮殿のような洋館がよく見えた。

ハートンは上海在住のユダヤ系の財閥で、かつ今でいう大きな不動産屋でもあった。彼は中国人向けのあまり高級とはいえない棟割長屋もたくさん建てていて、私たちの借家もその中の一つだった。その何列もの長屋棟の間が弄堂で、その集団住宅区の表通りの出口は一般に、過街楼という門建屋になっていて、そこに「〇〇里」という区画表示がしてある。私たちの借家もその弄堂に面して、飾り気のない石庫門が開けられ黒塗りの両開きの扉がついていた。向かいは前列の棟の裏口になっている(図10-2)。

図10-2　1910年代建築の里弄に見る左右の長屋と路地(北京路)

里弄は、初期の簡易な木造から、一八六九年の「第三次土地章程」で防火や環境改善など建築規制の内容が詳細に定められると木造骨組のレンガ壁づくりへと変わり、一九一六年「新中式建築規則」では四〇〇平方フィート(約三七平方メートル)を越えないものとされ、その分、階高を高くし開口部を広く取って換気を高め、一部に三階建てもつくられるようになって、構造はレンガづくり、鉄筋コンクリート造へと変化した(13)。

各戸の間取りは、従来の伝統的な民家を

継承し、前後に庭を配し、前庭に面してリビングや寝室を置き、租界地らしく水道設備の整った厨房を後庭に設置する(図10-3・4)。トイレはなく、馬桶《マートン》と呼ばれるオマルを使用し、里弄の一角に設けられた共同トイレに毎朝捨てに行く(図10-5)。各戸の規模は敷地の条件や用途によってさまざまで、一九〇〇年の「中式建築規則」に載る一二×二四フィート(約三・六六×七・三二メートル)を基準としながら、前庭の前方左右に脇部屋がつくもの、片側だけのもの、脇部屋のないものがあり、それぞれ間口幅と奥行が約一一×一五メートル、七×一一メートル、三・六×二・六メートルを基本とする。江戸の棟割長屋九尺二間や割長屋の二間四方よりも大きく、むしろ普通の裏長屋や小規模な表店、さらには同じく前後に庭が付く同時期の大阪の建売大工による新開地の長屋のほうが規模は近い(14)。

一方、路地幅は一九二三年の「共同租界工部局房屋建築規則」で防火と住環境の改善のために、二層の里弄で三メートル以上と規定し、また建物の後ろにも路地を計画することを求めた。日本の長屋の路地幅に多い一間から一間半の二・七メートルと比べれば、やはりここでも里弄の路地空間のほうが広くゆったりとしている。

それでも十分な広さとはいえない里弄の居室にあって、いまでも原則、路地に車は入ることができないから、住民は思い思いに椅子やテレビを外に持ち出し、お隣さんと話に花を咲かせ居間の延長のような存在となって使われる(図10-6・7)。こんな日本の下町のような生活感あふれる光景が、かつての上海ならどこにでも見られた。その狭小さゆえに、室内だけでなく路地もまた庶民の生活の場の一部として組み込まれ、そこで人々が物語を繰り広げるのは、まさに落語で語られる世界そのもので

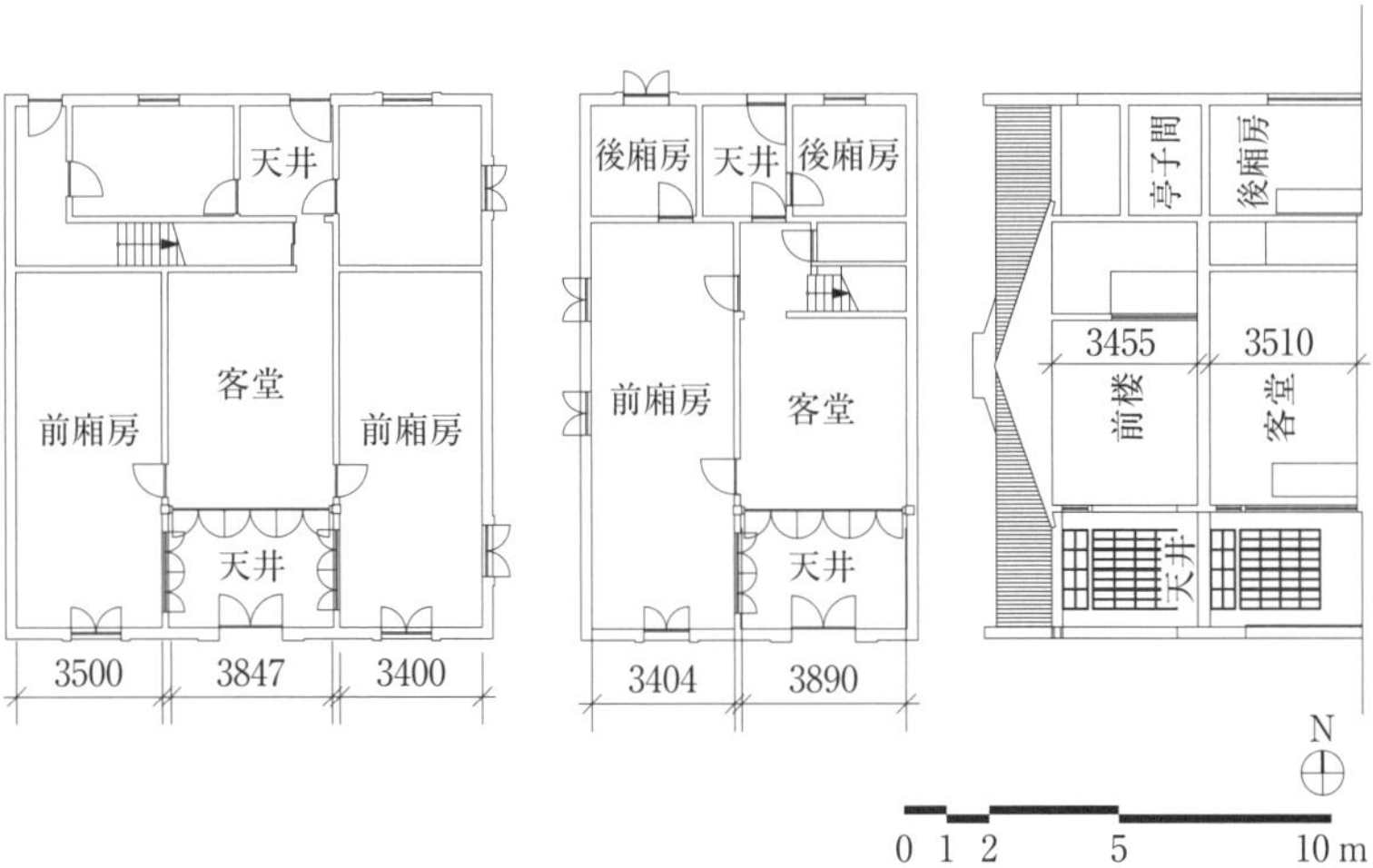

図 10-3　里弄平面図(寧波路の慈安里)．左は前庭の前方左右に脇部屋が付くタイプ，中央は片側だけに脇部屋が付くタイプ

図 10-5　馬桶を運ぶ人(無錫路)

図 10-4　左右に脇部屋が付くタイプの前庭(新建小区の新普慶里)

図 10-6　里弄の床屋(城隍廟付近)

図 10-7　里弄の路地で夕食の準備をする女性(淮海路)

ある。

新建小区の里弄群

では、二〇〇九年から五年ほどかけて上海の里弄を対象に詳細な現地調査を行ったものから、福州路の新建小区を例に、その里弄の内部を具体的に見てみたい[15](図10-8)。新建小区は、租界成立当初からの繁華街に位置し、そこに暮らす人々と空間は「七十二家房客」のそれと驚くほどよく似ている。つまり、この演目の設定は、上海人なら誰もが思い描く長屋とそこに生きる人々の普遍的なあり方を如実に表現しているのであって、話し手による仮想空間を聞き手が共有しながら、都市のアイデンティティを物語のなかに再生産させているのである。

新建小区は、一八四三年に上海で初めてイギリスが土地を租借した直後の初期租界地に位置する。北は目抜き通りの福州路、南は広東路、東は山東路、西は福建路に囲まれ、東西二六〇メートル、南北一七〇メートルの東西にやや長い長方形の街区である。街区内の東側一帯は、一八六七年の土地所有の記録では、すでにロンドン・ミッション・ソサイアティとチャイニーズ・ホスピタル・トラスティーズが所有し、そこに一八四四年設立の天安堂教会と仁済医院が建てられ、一八九〇年にはその一部を有名なジャーディン・マセソン商会が買い取っている。一八五五年に上海政府により中国人の租界居住が許可されてからは、それ以外の大部分が中国人用の里弄でほぼ埋めつくされた(図10-9)。そして、一八九九年から一九三三年までの地籍図を比較すると、若干の敷地統合や分割はあるものの、ほぼ全体を通じて新建小区は一二筆の敷地に割られ、いずれも外国人が一貫して土地を所有し、それぞれに「○○里」や「○○坊」と名付けられた長屋が建てられている。

図 10-8　新建小区．東から西を望む

「七十二家房客」の設定と同じ年の住宅地図『上海市行号路図録』(一九四七年)を見ると、周囲の街路沿いに店舗が並ぶ新建小区の内部は、住居となる長屋そのものがいずれも小規模な店

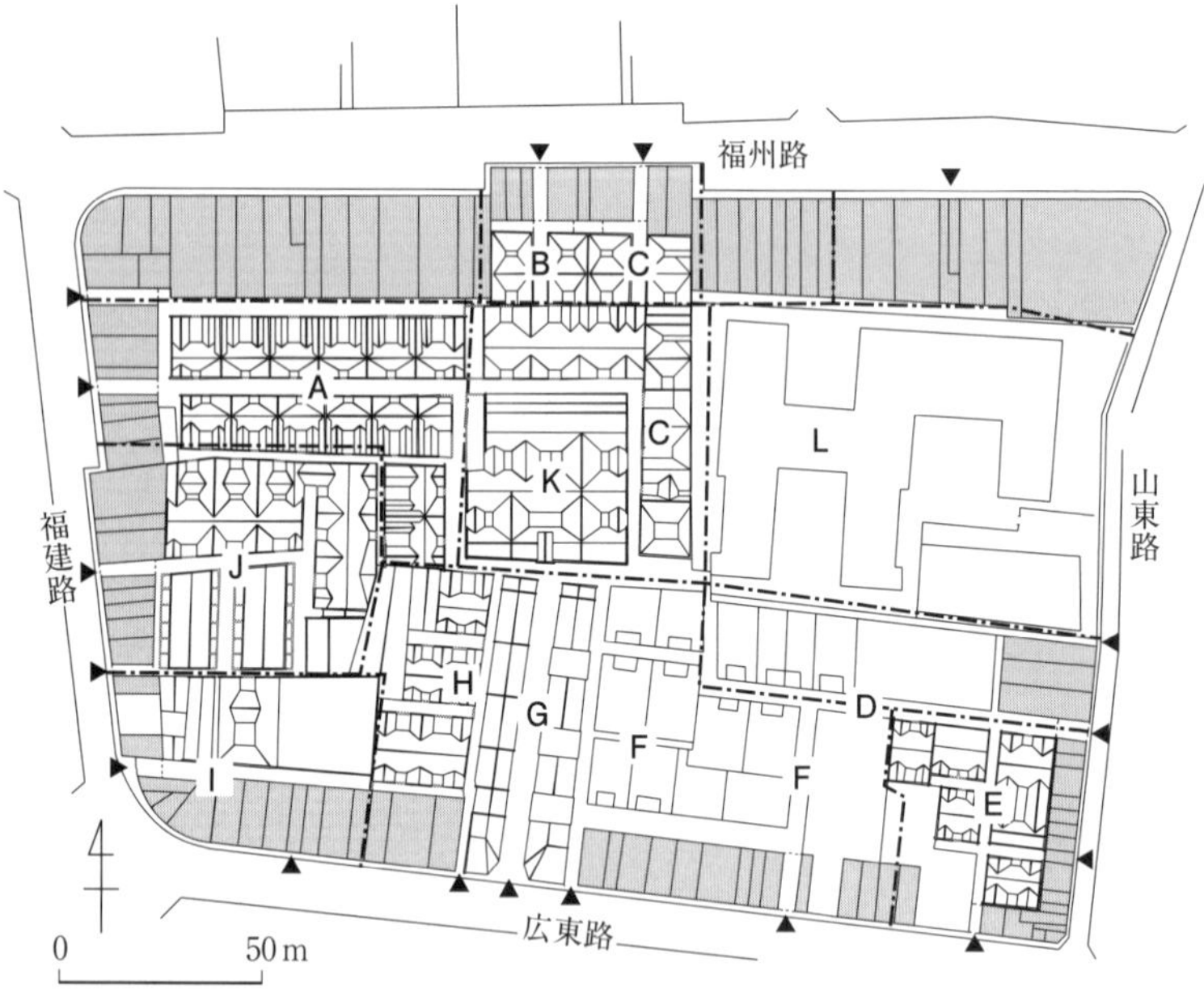

A：聚源坊　B：西公和里　C：東公和里　D：尚仁里　E：普賞坊
F：東貴典里　G：自由坊　H：徳和里　I：紫盆坊　J：新普慶里
K：江蘇旅社　L：仁済医院

図 10-9　新建小区実測図．━・━は敷地境界を示す

舗、旅館、倉庫、オフィス、作業場などの機能をもあわせもつことが知られ、物語の世界がそのまま広がっているかのようだ(図10-10)。しかも、街区中央には洋風の豪華な江蘇旅社が建ち、南西部にはダンスホールやレストランもある。物語に登場する長屋の各種小売り商人や職人だけでなく、大家の住む洋館、踊り子の仕事場であるダンスホールまでもが存在しているのである。

現実としての多様な長屋

里弄の状況をもう少し詳しく見てみよう。新普慶里は、西の福建路に二つの入口を設け、そこから二本の路地が内部に伸びる開放的な里弄で、住居を兼ねた二四戸の小さな倉庫と六戸の旅

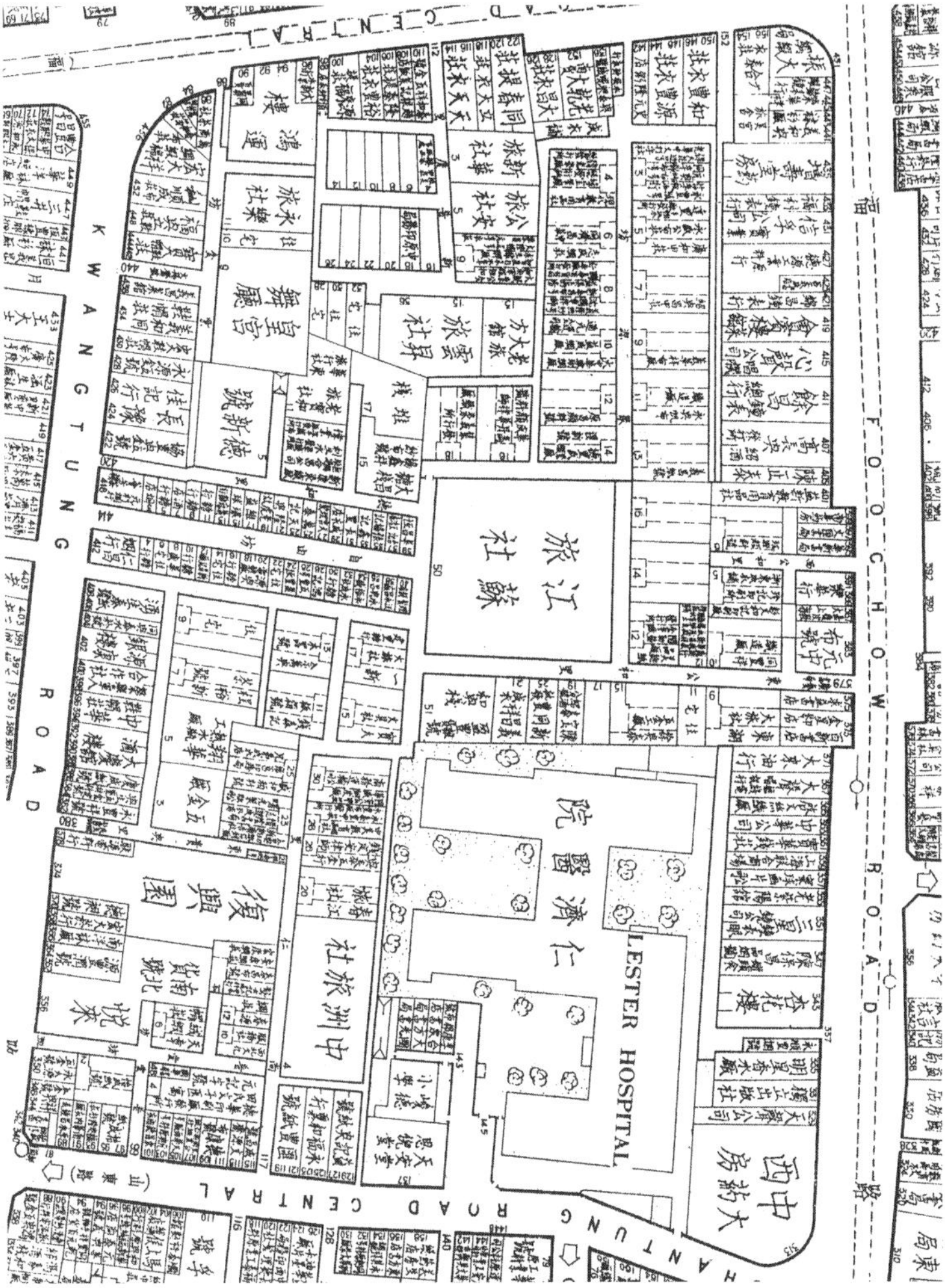

図 10-10 『上海市行号路図録』に見る新建小区(1947 年). 上海福利営業股份有限公司編印『上海市行号路図録』(別名『商用地図』, 1939・40 年に出版, 1947・49 年再編出版)には, 日本の住宅地図のように各里弄の各戸に建物名が記されており, 用途も具体的に理解できる

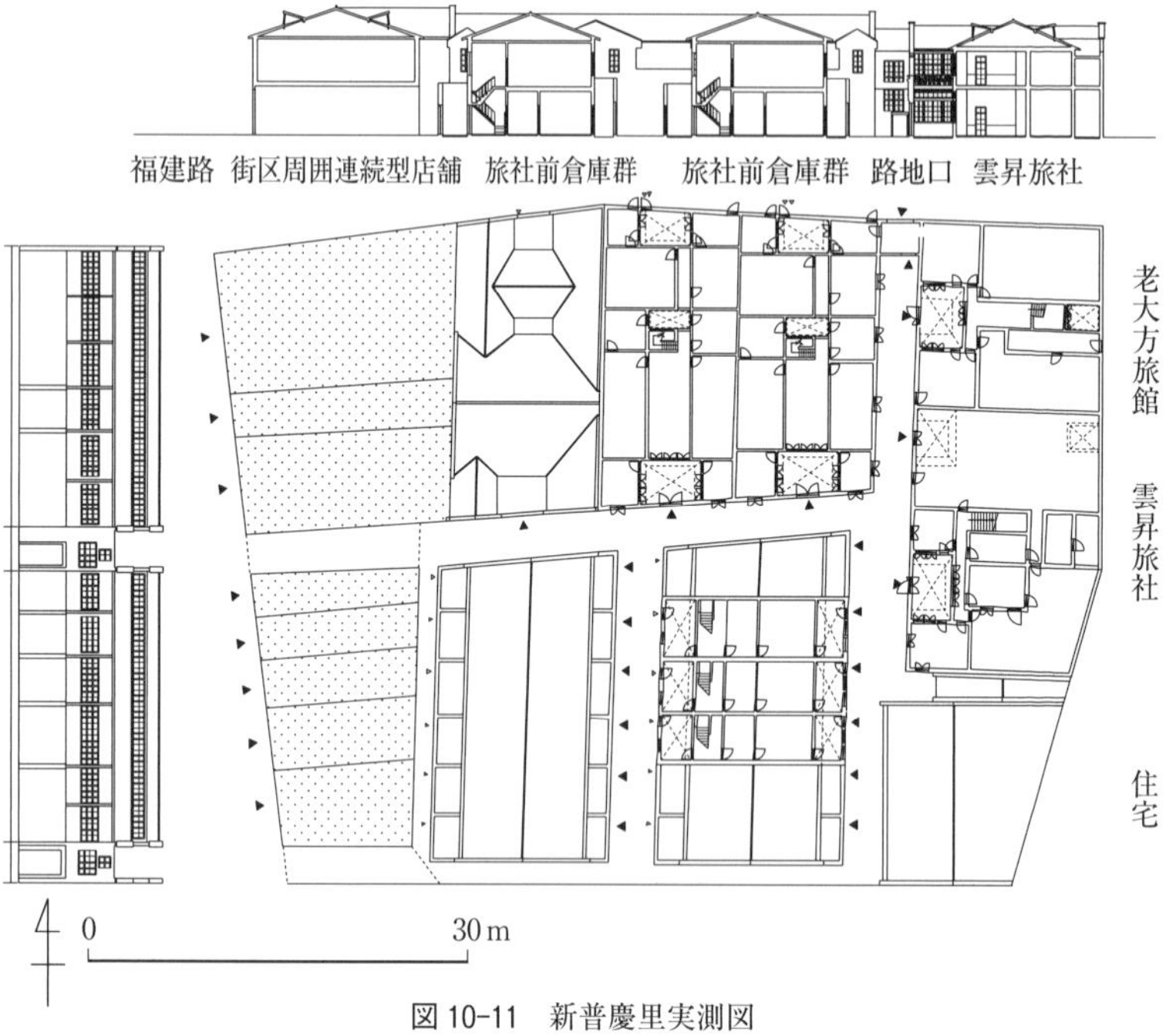

図 10-11　新普慶里実測図

館から構成される(図10-11)。新建小区には、紹興や杭州などの浙江省と、蘇州や揚州などの江蘇省からの商人が多く出入りしていたというから、この点も物語と共通している。とくに、正月前後には肉や橘を荷積した商人が多く集まり、注文品を受け取る人や仲買人たちで里弄の内部は市場のようにごった返した。したがって、道路沿いや街区内の店舗には、彼らが好む紹興酒を売る店が多く、反対に故郷へ持ち帰るために砂糖や布製品を扱う店が用意されていた。また、料亭やダンスホールなどの娯楽施設が、やはり路地を入った奥に設けられ、彼らの上海での時間をより享楽的にさせていたことだろう。新普慶里の旅館は、路地幅だけなく、一戸の間口幅と前庭をさらに広く取り、階高を高くして、倉庫を兼ねた施設として機能できるような空間で構成されている。路地は、旅館・倉庫業者にとっては臨時の物置場でもあり、同時に訪問者にとっては情報交換の場として機能する。それぞれ同業者であるからこそ、互いの仕事内容を熟知し、路地が単なる物の搬入だけにとどまらない有効な広場的空間として活用されているのであって、映画でもまったく同じシーンを中心に物語が展開する。

図 10-12　江蘇旅社の大ホール

これと似た路地に、街区中央に位置する江蘇旅社と、南の広東路に向かって伸びる自由坊、その西の徳和里がある。江蘇旅社は、一九一一年に建てられた大ホールをもつ六つの中庭を配した大型の戸建て建築で、新建小区を訪れる多くの商人に寝室と物置場を提供した(図10-12)。当時、土地はすでにジャーディン・マセソン商会からダウダル・アンド・ハンソンという外国人の手に移っているが、建築と経営を一手に担ったのが紹興出身の呉桂堂というこの街区きっての有力者であった。その旅社の複数の中庭は、荷を置く場所としても使われ、同様に建物内を縦横に走る回廊は、物を移動し、情報交換や歓談のための、いわば路地的な役割を果たしていたことは容易に想像される。加えて、大ホールは、新建小区内の冠婚葬祭の場として利用され、誰もが自由に出入りできる場所であった。ホールの一角に仮設の舞台が設けれ、よく劇が演じられていたという。江蘇旅社はまさに新建小区の経済・自治の拠点としての象徴的な存在なのである。

この旅社の正門から仲見世のように南の広東路に向かって伸びる自由坊もまた、長屋式の店舗建築で東と西にそれぞれ二〇戸の小さな店が軒を連ねている。ここにも、やはり酒や砂糖を売る店、また食堂が多い。江蘇旅社に泊まる商人の要求に応えたものだ。そして、その西の徳和里もまた、広東路から独自に路地を通し、そこから西にさらに三本の路地を引き込んで、それぞれ南向きの長屋を配置させている。いずれも旅館でありながら、隣の自由坊の商品保管場所としても使われたという。広東路からの路地は、自由坊裏のサービス通路としての役割も果たしていた。こうして、まさに人も建物も高密な里弄の長屋空間にあって、商品の流通を円滑にするため、そして経済活動の拠点として、路地は建物の用途と結びつきながら、それを補完するための開放的な場として機能したのである。

この場所を訪れる商人たちを楽しませていたかもしれない里弄に、北の公和里がある。ここはかつての妓院で、夜にうっすらともる提灯の明かりと湧き立つ匂いにつられて、多くの男性がこの路地を歩いたことだろう。物語の大家が建て替えを望んだ妓院がここでは現実のものとなっていた。

一方、少し変わった里弄に街区北西の聚源坊がある。一九二〇年代から三〇年代初頭にかけて建築された比較的新しい里弄で、路地幅や一戸の間口幅がほかに比べて広く、小規模なオフィス用として建てられた。西の福建路から幅三・七六メートルのゆったりとした路地が東に向かって伸び、その南と北にそれぞれ六戸の硬い表情の門が等間隔に並ぶ。主人や従業員が二階に住むケースもあったようだが、小売りのような店舗などではなく、事業主の業務空間として高所得者が使用していたという。路地は椅子やバケツなどの生活品が置かれることもなく整然としていて、実業者にとっての情報交換のための広場的な役割を担った。路地に通じる三つのゲートには、銃を所持した門番が常駐していたという。この里弄は、まさに同じ階層と職種の人にとっては安全で居心地のよいものであった。つまり、閉鎖的で独立したコミュニティを目指した路地なのであって、周辺の雑踏や無頼からは隔離されたパラダイスにも似る、紳士たちの共有のサロンといえる。

このように、新建小区の路地と長屋は、個々で実に多様な顔を見せる。これまで筆者らがもっていた鉢植えが並び、椅子が置かれ、女性が立ち話をし、子どもたちが走り回るイメージとはまったく異なるものであった。しかも、住人だけでなく、むしろ外部からの来訪者に対して開かれた路地が多かった点は注目に値する。つまり、これだけ多様な路地があっても、すべてに共通しているのは、同じ階層、あるいは同じ職種、あるいは同じ目的であれば、ときに紳士のサロンとなり、ときに商品流通経済を担う商人の拠点として、それぞれにふさわしい環境をともない成立しうるということである。

新建小区から見えてくるのは、まさに物語による仮想と現実の空間を行き来しても矛盾のない上海の長屋世界の縮図であった。それゆえに、「七十二家房客」は新中国建国以前から現代までのほぼ一世紀にわたって上海滑稽戯の代表的な演目として認識され、人々に共感をもって親しまれ続けることができたのだろう。

仮想と現実の間で

日本では、落語に出てくる路地と長屋を探すことが年々難しくなっている。だが、上海の里弄は、たとえば一九五〇年代以降に刊行された建築の専門書に載る五〇の里弄について、二〇一〇年にその存在を悉皆的に調査したところ、一部の改造や取り壊しはあっても、半数以上の存在を確認することができた。それもそのはずで、一九七八年からの改革開放政策で急激な都市の再開発が進むことに危惧を覚えた地元政府と大学の専門家によって、里弄は都市計画上の、また文化財としての重点保存単位に指定されたからである。加えて、二〇〇〇年を境に、地元政府の指導による住環境の整備と住民への一部主権の委譲による自治意識の向上により、里弄の空間と人々の暮らしは更新されていく。二〇一〇年の上海万博の際には、外国人の目に映っても恥ずかしくないよう、政府の手によって大々的な修復事業も実施された。

上海の里弄は、一九世紀中期から二〇世紀中期にかけて建てられ、伝統的なスタイルを踏襲しつつ住環境の改善やデザインの洋風化など様々な時代の要求にも適応させながら、多くの庶民に暮らしの場を提供した。そうした場所と人々を題材にしたものには、「七十二家房客」のほかに「石庫門」や「城隍廟」といった演目もあって、独脚戯や滑稽戯のテーマとして語り継がれた。同じ時期の近代大阪に登場した建売大工による長屋建築も同様の変遷を経ていて、その頃に長屋を舞台にした上方落語の「らくだ」が完成し、「七十二家房客」と同じく舞台化、映画化がされており、可視化された身体的な演芸へと同じ道をたどっている点は興味深い。

国や地域が異なっても、落語や独脚戯といった話芸が都市のアイデンティティを先鋭化させて示し、聞き手はそれに共感して楽しむことに変わりはない。そうした仮想空間を飛び出し、現実の空間に足を運べば、再び物語が頭の中によみがえり人々の暮らしと空間が再生産される。だからこそ、仮想と現実の間で、その生成を担い楽しみを享受するのは話し手と聞き手の両方なのである。こうして庶民の暮らしと現実の空間の特質を見極め、それを複合させて仮想の物語として普遍化させる仕組み全体にこそ、落語や独脚戯、滑稽戯が生み出され受け継がれてきたことの本質があるといえるだろう。

〔付記〕写真や図版に出典の記載がないものは、筆者および当時の大熊優里香、寺田佳織ら法政大学建築学科高村研究室による撮影、作成である。また、ルビは日本語として比較的なじみのあるものをひらがなで、それ以外は北京語発音に近いものをカタカナで示した。

（1）　羅栄寿『相声表演漫談』（上海文芸出版社、一九七九年）参照。他に、相声に関しては、侯宝林他『相声溯源（増訂本）』（中華書局、二〇一一年）、倪鍾之『中国相声史』（武漢大学出版社、二〇一五年）、李鳳琪『笑林新声――新単口相声集』（中国文聯出版公司、二〇一七年）、高玉琮他『相声史話』（百花文芸出版社、二〇一八年）を参照した。

（2）　武田雅哉「落語――中国からの視点」延広真治・山本進・川添裕編『落語の世界1　落語の愉しみ』岩波書店、二〇〇三年、および松枝茂夫・武藤禎夫編訳『中国笑話選――江戸小咄との交わり』東洋文庫二四、平凡社、一九六四年。

（3）戸張東夫『中国のお笑い――伝統話芸〝相声〟の魅力』大修館書店、二〇一二年。
（4）同右。
（5）森平崇文「滑稽戯『七十二家房客』の成立」『饕餮』第一三号、中国人文学会、二〇〇五年。
（6）「七十二家房客」については前掲注5の文献が詳しい。
（7）たとえば、落語「らくだ」も歌舞伎による舞台化、さらには映画化がされている。川添裕「『らくだ』が居る場所」（前掲注2『落語の世界1　落語の愉しみ』）、および川添裕『江戸にラクダがやって来た――日本人と異国・自国の形象』岩波書店、二〇二二年。
（8）上海市内でも七つの地区ごとに上海方言のイントネーションが異なり、とくにいまでは近代的な開発で有名な浦東のそれはかつて嘲笑の対象となっていた。登場人物の出身地は、上海の他に紹興、杭州、蘇州、蘇北、寧波、山東という設定で、浙江・江蘇の同じ省内でも発音やイントネーションが異なるものの、内容はほぼ理解でき、聞けばだいたいの出身地も理解できる。
（9）盧莘明・重村力「初期里弄住宅における空間と住まい方の変容――中国上海里弄に関する研究　その1」『日本建築学会計画系論文報告集』第四三三号、日本建築学会、一九九二年。
（10）土地制度や建築法規に関しては、唐方『都市建築控制――近代上海公共租界建築法規研究』東南大学出版社、二〇〇九年にまとめられている。王郁・東樋口護「上海旧市街地における里弄住宅団地の空間形態及び施設構成――一九四九年以前の租界時代について」『日本建築学会計画系論文集』第五二二号、日本建築学会、一九九九年、譚縦波・阿部正和・斎藤和夫「20世紀前半中国・上海の建築規則にみられる「里弄」規定について――都市の近代化過程における建築規則の考察（その2）」『近畿支部研究報告集』日本建築学会、一九八六年。
（11）里弄の建築については、陳従周他編『上海近代建築史稿』（上海三聯書店、一九八八年）、王紹周他編『里弄建築』（上海科学技術文献出版社、一九八七年）、村松伸『上海――都市と建築　1842―1949年』（PARCO出版局、一九九一年）が詳しい。
（12）郭博『正在消逝的上海弄堂――まさに消ゆく上海弄堂』（上海画報出版社、一九九六年）より引用に際し、誤字脱字を修正し読点などを補った。

(13)　山口幸夫「在来建築・里弄住宅の構造の変遷――中国近代の建築技術に関する研究3」『近畿支部研究報告集』日本建築学会、一九九一年。また、実際には規則の四〇〇平方フィート以上のものが多く建てられた。

(14)　江戸の長屋については玉井哲雄『江戸――失われた都市空間を読む』(平凡社、一九八六年)を参照。里弄の規模は、よくいわれる江戸の棟割長屋九尺二間の間口二・七×奥行三・六メートル、またいずれもやや大小の幅があるものの、割長屋の二間三・六メートル四方よりも大きく、むしろ間口と奥行が二間三・六×四間半八メートルの裏長屋あるいは三間五・四×五間九メートルの小規模な表店、さらには同じく前後に庭が付く近代大阪の建売大工による新開地の長屋の二間半四・五×八間一四メートルに近い。

(15)　新建小区に関しては、拙稿「上海の里弄――方形街区の内部世界に迫る」(上田篤・田端修編『路地研究――もうひとつの都市の広場』鹿島出版会、二〇一三年)のものを推敲し記述した。本稿では、地籍図や土地所有の分析に、上海市档案館所蔵の上海公共租界工部局編「Shanghai land assessment schedule」ならびに「道路拡張計画資料」を活用している。新建小区にあっても、一八九九年から一九三三年までのあいだに一一枚の地籍図があって、土地の所有者が記述されている。二〇一〇年代初頭時点で、新建小区では南東部の一角を除いて、一九一〇年代以降の各建物がほぼすべて残っており、実測等によってその空間の特性を分析することができた。加えて、街区内には一九四〇年当時をよく知る八三歳の住人(二〇一〇年当時)がいて、路地や建物の使い方など、街区内の社会構造にまで踏み込んで考察することができた。

11　現代の長屋ぐらし事情

栗生はるか

身近な江戸を探す

意地っ張りで頑固だけれど、粋でユーモアがあって情深い。落語の世界の住人のやりとりは、日頃切り捨てられてしまっている多くのことの大切さに気づかせてくれる。ただ、その世界の背景として語られる江戸は遠い昔に感じられ、筆者は落語の中の暮らしも人間関係も、別世界の話にしか感じられないでいた。都市空間もライフスタイルも価値観も、あらゆるものが大きく変化してしまった現代で、それらを連続した過去の話ととらえるのは困難だ。しかし、この数年、銭湯や長屋など江戸から続く都市の痕跡に関わる機会を得て、落語の世界がぐっと身近に感じられるようになった。

まず、筆者がライフワークとして関わっている「銭湯」について触れたい。「銭湯は裏切らない」とは、破天荒な落語家、生涯を通して銭湯好きだったという立川談志がよく色紙に書いていた言葉だ。筆者が銭湯に関わり始めたのは、その談志が晩年通っていたという東京、根津の「山の湯」が東日本大震災の影響で煙突にヒビが入り、あえなく廃業を決めた頃だ。

それから約一〇年、地域の消えゆく銭湯に出入りをし、記録をとったり、再生のサポートを行ったりと活動をしている[1]。そのような活動の中で出会う銭湯の店主との会話に度々江戸を感じることがある。なかには江戸弁をいまだに話す店主もおり、「おいらみたいな与太郎はよぉー」なんて呟きを聞いたり、「てやんでぃ」なんて咄嗟に出てくる文句に驚かされたりする。ご高齢の旦那が「あたしはね〜」と話し出すともう落語の世界に放り込まれたようで、そのような人々と出会うたびに、江戸時代は意外と最近だったのだと感じさせられる。

図 11-1　江戸時代から変わらない番台とお客さんの光景

かつての銭湯、つまり「湯屋」は江戸の人々の生活にとって欠かせない場所であった。多少の違いはあれど、下足を脱ぎ、番台で金を払い、あらゆる立場の人々が衣服と共に身分を脱ぎ捨てて身を清める場所という意味では、その様子は江戸からほとんど変わっていない。そして、未だに地域の社交場として日々、多様な人々を癒し、受けとめる〝裏切らない〟場所だ(図11-1)。

以前、路上観察家の林丈二氏の集めた明治時代の新聞の記事から、当時の湯屋で起こった事件だけをお借りして編纂したことがある。(2) 江戸ではなく明治に入ってからの話だが、そこに並ぶ湯屋の日常は実におおらかで微笑ましい。「三助が、吉原で遊んだが銭がなくてごたごた」（『有喜世新聞』明治一四年〈一八八一〉二月九日）、「洗い粉と間違え歳暮にもらった七色唐辛子を使って大騒ぎ」（『東京絵入新聞』明治一九年一月二〇日）、「客の父親が子供を取り違えて連れて帰る」（『都新聞』明治二七年一〇月一〇日）など、落語に出てきそうなエピソードだらけだ。まず、このような取るに足らない出来事が新聞の記事になっていたことに驚かされる。そして、落語の世界のつくり話のような滑稽なやりとりが、実際に起こっていた様子に、一気に落語が身近に感じられる。

また、銭湯は昔ながらの経営スタイルを頑なに突き通す数少ない業態といえるかもしれない。各家庭へ風呂が本格的に普及する以前、つい五〇年ほど前まで銭湯は大繁盛していた。客ばかりか従業員も多く、北陸をルーツとする（銭湯経営者は北陸出身者が多い）同郷から呼ばれた沢山の人々が、銭湯主の一家と共に併設する木造母屋部分で寝食を共にしていたと聞く。そして番頭がおり、旦那が存在した。いわゆる大店の番頭と風呂屋の番頭はちょっと違った立ち位置かもしれないが、落語がしばしば舞台とする大店の人物構成や背景に近いものを感じる。近年は体制もだいぶ変わりつつあるが、代々番頭として従事しているご家族に出会ったり、かつて大勢いた女中や三助の話を聞いたりすることがある。先述の〝与太郎〟は、銭湯のいい時期に、実際にはいわゆる若旦那といういいご身分で、風呂屋は番頭に任せ、平日の昼間から上野や浅草へ遊びに出かけていたらしい。そのような話からも落語に出てくるいくつもの場面が浮かぶ。

現在、残念ながら都内で現存している銭湯で江戸時代から続くものはほとんどない。しかし、多くの銭湯は、その土地に代々住まう昔ながらの客と日々対峙している。つまり、江戸っ子DNAをもった客とのやりとりで、銭湯の担い手側も自然と江戸っ子気質が刷り込まれるのであろう。筆者にとって、銭湯は落語の世界をより身近にし、江戸を感じさせてくれる入口の一つである。

引き継がれる長屋

さて、銭湯から落語の中に頻出する〝長屋〟に移ろう。二〇二三年現在、筆者は東京で二箇所の長屋に関わっている。どちらも築一〇〇年をとうに超えている長屋だ。江戸から続く地域のコミュニティ拠点であった銭湯が大変なスピードで消えている過程で、銭湯に代わる場所や、銭湯の存在をサポートする方法を探していた。そのような中で、地域に長く根差し、活用されていなかった長屋と出会う。土地も広く、立派なつくりで維持をするのが大変な銭湯に対し、簡素でコンパクトな長屋は、地域の人々の居場所として比較的気軽に活用しやすい。

二つの長屋はどちらも当初空き家となっており、そこでの暮らしがどのようなものだったかはわからなかった。ただ、長屋の暮らしぶりについては落語の中で散々語り継がれている。長屋での暮らしを体験している人は減ったものの、長屋がどういう場所で、どういう人間関係とどのような日常があるのか、落語のおかげで私たちは皆、想像をすることができる。長屋は、その建築的な扱いやすさと共に、落語からもたらされる親しみやすい存在感が、地域の人々をつなぎとめる居場所として最適であった。

いずれの長屋にも、残念ながら筆者自身は暮らしていない。だが、界隈には他にも長屋があり、昔ながらの路地やご近所付き合いが残り、出向くたびに、自然とその暮らしのリズムに飲み込まれていく。本稿では、そのような現代に残る二つの長屋を通して、落語の世界を彷彿とさせる、引き継がれてきた暮らしぶりや人間関係などに触れる。

現代の長屋ぐらし――根津の長屋

一つは文京区の根津、藍染《あいそめ》大通りに面した六軒長屋だ。東端の一戸を借り、活用を始めた八年前、二〇一五年の時点ですでに築一一五年くらいといわれていた（図11-2）。それが事実だとすれば一九〇〇年あたりに建設されていることになる。そこまで古いかと問われれば怪しいが、大正一二年（一九二三）の関東大震災を乗り越えたという話は真実味がある。その証拠に、つい先日まで営業していた隣の老舗の薬局部分には、大震災で前面にかしいだ建物を長屋の住人で引き戻したという筋交《すじかい》の入った柱が残る。「長屋の住人たちはそんなこともさせられるのか……」と、地震で倒れた建物をとやかく言いながら引っ張った当時の様子が目に浮かぶ。長屋は軒数にもよるが細長くて背丈の低い長方体が鎮座しているような状態なので、一部分がぐしゃっといくというよりは「あそこが倒れりゃ、こも倒れる」というイメージに近い。それこそ、運命共同体だ。

筆者の関わる一戸は、原型は二階建てで、一階に店が入り上は住居や作業場として使われていたそうだ。通りに面したいわゆる表店《おもてだな》と呼ばれる長屋だ(図11-3)。店部分は大正期には牛乳屋、その後印刷所、そして最近は事務所として使われていた。牛乳屋時代、隣には酒屋、味噌・醤油屋、路地を挟んで米屋と並んでいた。今や新しい外装材が貼られ、所々増築されて、隣とつながっているとは思えない様相になっている。筆者たちはそこを旧町名の藍染町から取り「アイソメ」と名付けて活用し

図 11-2　改修が重ねられている根津の六軒長屋の一角「アイソメ」(撮影：藤本一貴，2015 年)

図 11-3　アイソメの入るかつての六軒長屋．大正時代撮影といわれる(所蔵：渡辺正晴)

ている[3]。多様な世代の住人が共有できる銭湯のような地域の居場所をつくりたいという思いで、一階を地域サロンとして開放し、二階を五畳一間の住居とシェア・オフィスとした。一階スペースは年に一度、地域の祭りのお神酒《みき》所として使われてきた。その機能を失わないためにも普段は誰でも使えるサロンとしてがらんどうだ。いつの時代かに増築された三階は倉庫となり、前面の藍染大通りで行われる町会の年中行事用の物品が格納されている。小さな中に様々な利用者が共存し、この一角自体が長屋のようだ。筆者はそのアイソメで、落語の中の大家(家守)的役割を担っている。

アイソメの裏には同じように長屋が二列並んでいる。そこはまさに落語に出てくるような裏長屋で、細い生活路地を挟んで両脇に長屋が並ぶ。ご近所さんは、ときにこの路地にゴザを出し、持ち寄りのおかずで宴会をする(図11-4)。

アイソメもしかり、長屋はその時代、時代の生活や家族構成、用途に合わせて改修、増築が重ねられてきている。大正時代の写真を見れば一目瞭然、外装も高さもまったく異なるが、骨組みはかつてのままだ。長屋は多くの住人に住み継がれ、長い年月でその時どきの暮らしに応じ、横にでっぱり、上に乗っかり、有機的に空間を拡張している。

しかし、いかに増築、改修を繰り返そうが、路面と連続する長屋ならではの開放性は変わらない。出入り口をちょっと開けておけばご近所さんが挨拶がてらに顔を出す。誰もがアクセスしやすい透明性、共有物のような空間は継承され、外と中の垣根の低さが魅力だ(図11-5)。

長屋の開放的な様子は多くの落語に登場する。「おーい、誰かいるかー」と威勢のよい掛け声で入ってくるご近所さん。長屋での暮らしにお隣さんや大家、物売りなどの第三者、他者が介入することを皮切りに物語が展開していく。そこから変な間違いや、いらぬお節介、泣ける人情噺が生まれたりする。

大通りに面するアイソメも、前述の通りかなり手が入っているが、透明性が高い。中にいれば人が覗く、入ってくる、話しこむ。寒くて戸が閉めてあっても窓を叩いて挨拶。顔見知りにはわざわざこじ開けて入ってくる人もいる。もちろんサロンとして使っているからアクセスしやすい面はあるだろう。寒い時期には〝火の用心〟の見回りのついでに、ささっと入ってきて一杯暖を取り、また二周目に出かけていくことだってある。どこかで聞いたような話だ。

図 11-4　生活路地での住人たちによる宴会

図 11-5　アイソメを覗く近所の子どもたち

図 11-6　裏の長屋のガラス職人

また、壁が薄くて筒抜けというのはもちろん、構造体を共にしているという面では、大きな家に一緒に住んでいて、隣り同士の部屋に住んでいるという感覚に近い。困りごとがあったら相談し、醤油や栓抜き、鍋に皿、何か足りないものがあれば長屋のどこかで調達できる。長屋の暮らしづらさを自虐的に共有するのも日常だ。

隣の薬局の御店主は、ネズミの話が好きだった。「ネズミ出るでしょ、ね、うちも出てるから、つながってんだから。ホウ酸団子だよ。ヒヒヒ」と顔を合わせれば話が始まる。「うちにもネズミが……」と話せば喜ばれ、新たな対策方法が共有された。裏にはご高齢のご夫妻が住み、旦那さんが呼吸器系を患っていたため、息を吸う音が四六時中、大音量で聞こえていた。たまに止まったりするとハラハラしたものだ。一戸分の空き家を挟んでその隣りには、一階のたたきを仕事場にしているガラス職人がいた。東京大学が近いため、研究で使われる特注の実験フラスコなどをつくっていたようだ。夏場は路地にはみ出るくらいの開放的な状態でバーナーをつけてガラスを吹いていた。バーナーの火が燃え移ったら長屋全体ひとたまりもないとハラハラしながら、筆者は頻繁に路地から見学をしたものだった(図11-6)。

夕時にふわっといい匂いがするなんてことはもちろん、長屋の間の路地を通れば、ガラガラとうがいの音、朝は路地でラジオ体操。ご近所さんの生活サイクルが手にとるようにわかる。最初はあまりの距離の近さに戸惑いを隠せなかったそれらも、なんとなく日常のリズムとなってくる。一緒に暮らしているという感覚は次第に安心感や心地よさへと変わっていく。

ガラス職人の家の奥には、若い子持ちのご家族が住んでいる。その一家のご主人が長屋ぐらしをより長屋ぐらし〝然〟としてくれている仕掛け人だ。地方から進学で東京に出てきた彼は、学生時代に長屋ぐらしに憧れて住み着いたそうだ。玄関を開け放し、暮らしぶりがいつでも路地から窺い知れる。長屋らしさを追求し、長屋ぐらしを極めている。彼が落語好きかは知らないが、明らかに落語の中に彼の理想は存在していると思わせることが端々にある。以前、長屋界隈にできるだけ〝面倒な〟新住人を集めたいと打ち明けられたときは呆れたが、誰をも許容する落語的長屋ぐらしが彼の理想の根底にあるのかもしれない。

長屋から広がる関係性

長屋ぐらしの登場人物は、長屋住人だけではない。先述の通り、アイソメは町会のお神酒所や倉庫の機能も果たしており、もともと地域の人々にとって馴染みのある場所だ。一階は町会の会合にも使われ、出入りが多く、関わる人数も多い。

ご近所の蕎麦屋さんや、ひと区画裏に住む材木屋さん、鳶の頭《かしら》、町内の高齢者や裏手に建ったマンションの小学生等、登場人物の面々は個性豊かだ。彼らがふらりと通っては、ときに立ち寄り、四方《よも》山《やま》話をしていく。そのような話をしているうちにさらに違うご近所さんが通りかかり、その話にさらりと乗っかる。長屋自体はほとんど話が筒抜けで生活を共有しているような状態だが、さらにそれを取り巻くように長屋住人以外の地域住人たちがやんわり出入りしているのも窮屈さがなくてよい。そして、その中には代々この土地に住む住人もいる。この人たちはまさに筋金入り。祭り好きで、喧嘩っ早く、人情深い。この筋金入りと、この地域性に憧れて移住してきた人々。新旧住人のやりとりも、このような空間の中で次第に弾みが付き、気づけばみな落語の世界の住人のように演じてしまうから不思議だ。

また、そのような近い距離感でそれぞれのリズムを感じながら暮らしていると、家族のような親しみが生まれる。銭湯という場所もこれに近いが、多様な世代の多様な暮らしが身近にあり、生き死にを共にしているような感覚に陥る。

あるとき、アイソメで道に向かって休んでいたご近所さんが、通りすがった高齢者に「おー、じーさん、まだくたばってなかったのかー」と挨拶していてドキッとしたことがある。じーさんもヨレヨレしながら「おー」と返事をしている。

また、アイソメ前の藍染大通りの歩行者天国での一場面を取材した新聞の記事がある。大通りで遊ぶご近所さんたちの描写を筆者は気に入っている。

「うまくなったなあ」と感心する近所の初老の男性に、二歳の子が抱きつく。男性は、かわいくて仕方ないという表情で「ご飯食べたか」と語りかけた。その様子を見た人が「お孫さん？」と尋ねると、「うん、よその孫」と笑顔で答えた。(4)

図11-7　滝野川稲荷湯の隣で再生された，元従業員の住まいだった二軒長屋（撮影：TADA）

近所の老人が近所の子どもの面倒をみて、近所の若者が近所のご婦人の話し相手になる。血縁ではない地縁の関係性が適度な距離感で風通しよく存在している。すべての要因が長屋にあるわけではないが、長屋は住人たちの生活を外へ滲み出させながら、その豊かな関係性の構築に一役買っている。落語の中に見るような長屋暮らしの持ちつ持たれつの関係性が古くて新しく、多様化する都市生活の中でうまく機能しているのだ。

コモンスペース化する長屋——滝野川の長屋

もう一軒、北区滝野川に最近再生をとげた二軒長屋がある。ここにも、その開放性やそこを取り巻く人間関係から、落語のような小噺が生まれそうな気配が常にある（図11-7）。この長屋は銭湯の隣に昭和二年（一九二七）から寄りそってきた。長屋はかつて近所の中山道沿いにあり、映画館建設のため、当時大勢いた従業員用の住まいとして銭湯に引き取られたといわれている。元の持ち主の親戚にあたる常連のおばあちゃんによれば、慶応年間の建築ではないかとのこと。江戸時代築となれば大変なことだが、移築も改修も重ねられた現在、これも証明ができない。しかし、この二軒長屋は片方が二〇年近く空き家となり、もう一戸は銭湯の倉庫として使われていたことで、外装などは長く手付かずで、いわゆる長屋らしい佇まいを留めた平屋だ。間口一間のたたきの玄関に三畳間、続いて六畳があり、修繕前はそこに台所と便所、押入れがついていた。そしてその形状が反転したかたちで連なり二軒長屋となっていた（図11-8）。

傷みの激しかった長屋は、わずかに原形を留めていた一戸を当時の長屋の暮らしぶりがわかる状態まで再生し、すでに改装がされていた一戸を使いやすいように天井と床を剝がして改修。二〇二二年六月に稲荷湯の湯上り処兼地域のサロンとして活用を始めた。都市の乱開発で地域における銭湯の存在感が薄れる中、その存在感を取り戻し、地域の関係性を編み直すプロジェクトだ⑤。

解体、修復時には床下から食器や酒瓶などあらゆる生活品、壁の隙間からは隙間風を埋めるための大量の新聞、とかつての暮らしぶりを彷彿とさせる品々が出てきた。また、工事中にも近隣住人を巻き込むことを主眼に置いたプロジェクトであったため、工事は地域に開かれたかたちで行われた。度々現場の見学会やワークショップが行われ、それ以外の時間も通りがかりの人がふらりと覗くこともあった（図11-9）。

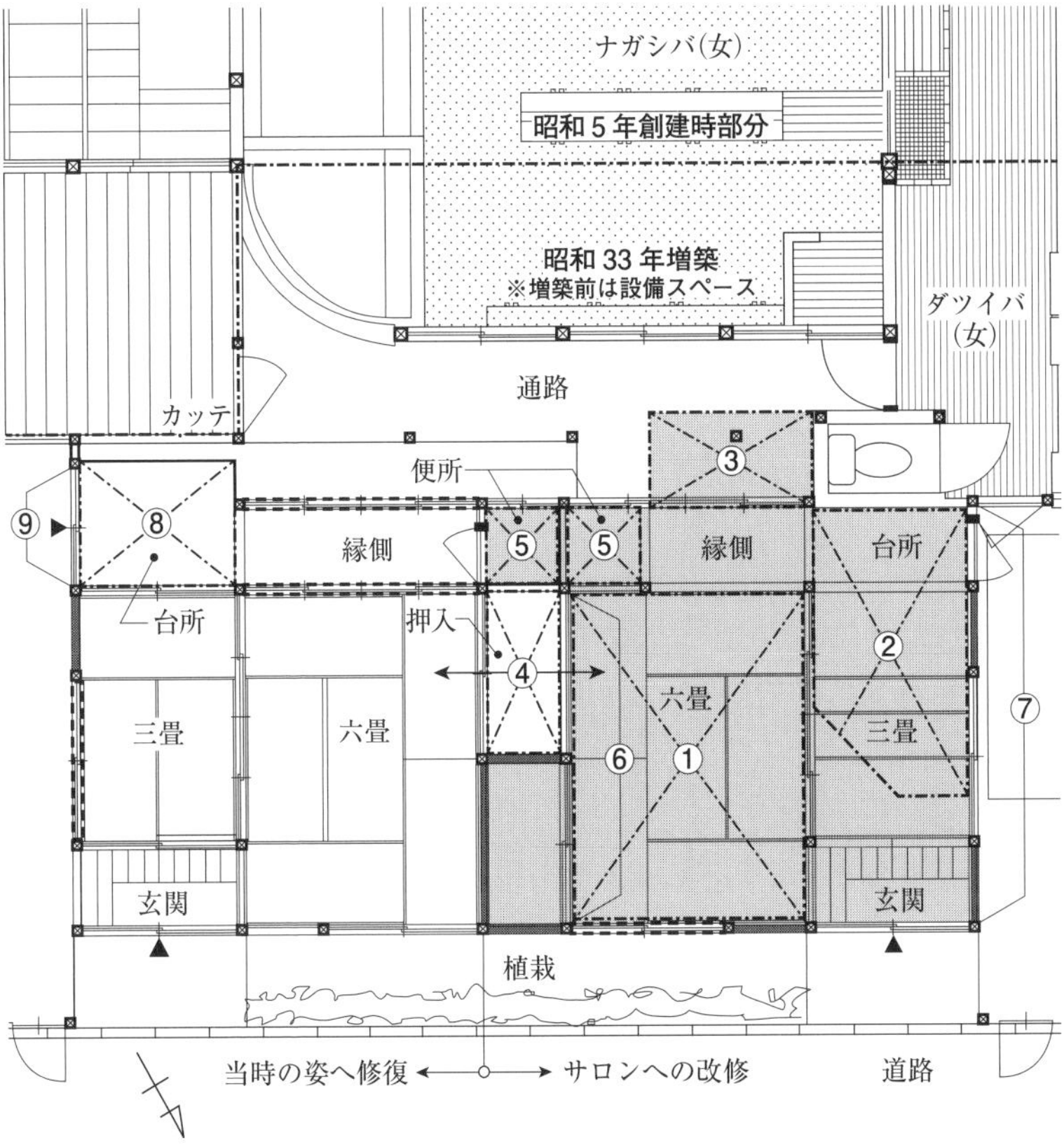

畳敷・板床を土間へ改修　耐震壁　牛乳販売店の建具を転用

①天井・小屋組を見せる　②キッチンの新設(格天井新設)　③便所新設
④押入を通路に改修　⑤便所を物入・棚に改修　⑥上：荒壁，下：中塗り
新旧竹小舞下地の比較　⑦防音壁の設置　⑧展示スペースに改修
⑨開口部を壁へ

図 11-8　稲荷湯長屋の修復・再生工事の概要
(作図：一般社団法人せんとうとまち)

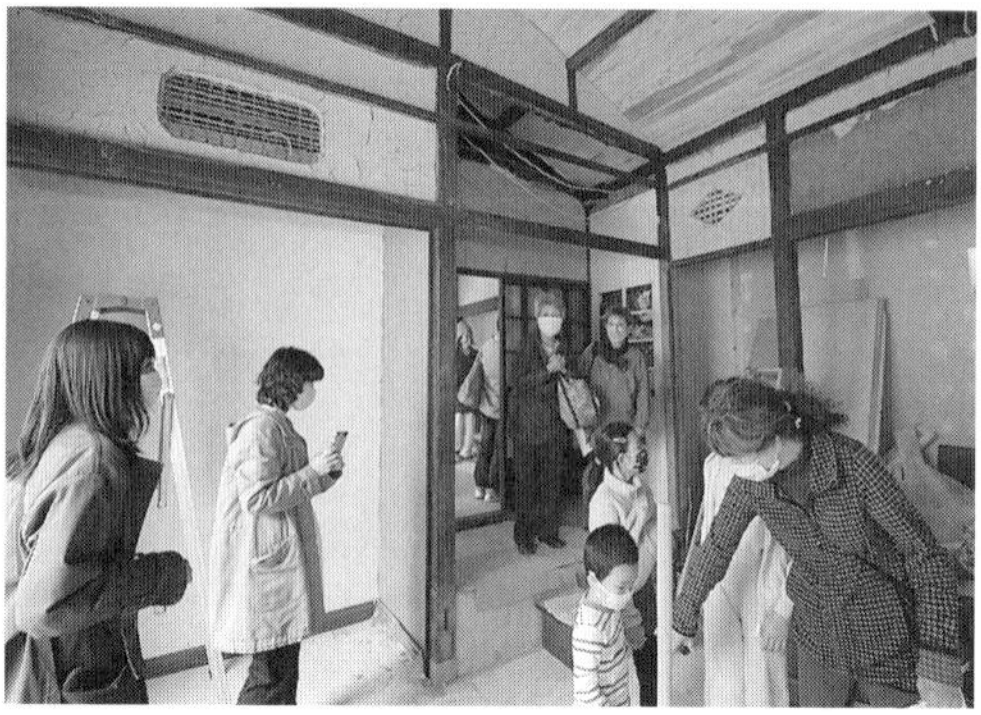

図11-9　工事中の見学会

するとそこで面白いことが起こった。来る人来る人が、ここにかつて人が住んでいた様子を覚えているという。「よく遊びにきたよ」「家族で住んでたよ」「こう三人布団並べて寝てたんだよねー」。長屋の住人は何回か替わったものの、最後に住んでいたご家族の息子さんまで発見され、長屋生活時代のエピソードがポツリポツリと出てきた。長屋にはプライバシー最優先で閉じ切った生活はなく、ここでもやはり常に他者に開かれていた様子がわかる。この開放性により、長屋の暮らしぶりは地域の人々の記憶に色濃く残っていた。

長屋の玄関の基本は軒先と、そこから入った土間である。ここも玄関の引き戸を開ければ、たたきとちょっとした縁があり、障子戸で仕切られたその先はもう畳敷きの一間だ。玄関と居間の段差は外から来た人も、中に住まう人も、ちょこっと座って会話をするのにちょうどいい。ご近所さんはそこから中を覗き、その中間領域で立ち話ややりとりが始まる。

実際、この稲荷湯の長屋でもアイソメでも、この内部とも外部ともいえない領域が活躍する（図11-10）。

アイソメでもやはり扉一枚開けた、たたき部分が生きる。「いつでも帰れます」という状況で、あれやこれやいつまでも長話をしてしまうのが通例だ（図11-11）。稲荷湯の長屋のお隣に住むご近所さんは、かつて長屋に住んでいた同級生を銭湯に誘いにきて、決まって軒先で長話をしたそう。長話をしているうちに銭湯が終わっちゃったなんてこともしばしばあったそうだ。

そしてこのような時間、こういった空間で決まって落語のような話が出てくる。

飼っていたネコが知らぬ間にご近所のよそのうちのネコになっていて、違う名前で呼ばれて飼われていた……、母親が死にかけのドジョウに心臓マッサージと人工呼吸をしたら蘇生した……。

図 11-10　開放的で居心地の良い稲荷湯長屋の玄関

図 11-11　アイソメの玄関で話し込むご近所さん

「え、そんなことってある?」という小噺が止まらない。長屋空間のもつ敷居の低さとご近所さんをつなぎとめる気軽さ、コモンスペースのような性格が落語のような話を引き出している。

イタリアで見つけた落語の世界

このように、筆者は根津や滝野川に行くたびに〝落語みたい〟なエピソードを持ち帰る。東京にいて、落語の世界のようなやりとりや人々に触れられる場は、震災や戦災の中奇跡的に焼け残り、かつ激しい開発の手を逃れてきたごくわずかな一帯くらいではないだろうか。落語的な日常はやはり引き継がれてきた生活空間や暮らしに支えられてひっそりと息づいている。ただ、それらも風前の灯。徐々に建て替えが進み、生活スタイルも変化し、いつまでこのようなやりとりが続けられるのか、と、いつも虚しさを抱えていた。

そのような中、落語的世界を別のところで発見した。ちょうど本稿の執筆の話があった二〇二一年末、筆者はイタリア・ナポリに滞在していた。イタリアは、留学経験も含め過去に何度か長期滞在をしており第二の故郷だ。ともかく、イタリアの地にて〝落語〟について考えるという珍しい機会を得た。するとどうだ、背景も環境もまったく異なるこの国で、落語に出てくるような人々と沢山遭遇することとなった。

特に、滞在していたナポリが位置するイタリア南部は、街並みにしろ生活にしろ、北部との経済格差を感じる場面も多い。ベンチも標識も道端に転がり、切符は出てこないがレシートばかりが出てくる券売機や、どこに連れて行かれるかわからないエレベーター、電車は遅れるだけでなく時間前に出発する。あらゆるものが壊れていて、あらゆることがいい加減だ。だが、住人たちはそれらを乗り越えるコミュニケーションに長けている。壊れた券売機に話しかけたり、居合わせた人たちで助け合ったり、そういった自分達の滑稽な姿に笑ってしまったり……。

ある日、滞在先の家の前の道の信号機が突然壊れた。荒い運転の車が高速で行き交い、とてもじゃないけど渡れない。お世話になっていた先生に相談すると、いつものことだと言わんばかりに「車を見ちゃダメ、車の中の人を見るのよ」とのこと。信号がなくとも、運転手とコミュニケーションを取れば簡単に渡れると言う。日本では大騒ぎになるようなことも落語に出てきそうな軽快なやりとりで乗り切る姿は、ともかくたくましい。信号も券売機も費用が掛かるから直せないというよりは、そこを改善することが彼らの中でそこまで優先順位は高くないという印象を受ける。なぜなら大抵の不具合や不便さはコミュニケーションで乗り切れるからだ。

さらに、イタリアではそのようなトラブルが会話のネタになる。理不尽だったこと、うまくいかなかったことをいたる所で共有し、怒ったり笑ったりして楽しむのが彼らの日常だ。長屋ぐらしでの貧しさやしょうもなさを笑いに変える落語に近いものを感じる(図11-12)。登場人物は熊さん、八っぁんではなくマリオやチーロで、住まいは長屋ではなく重厚な石造りだったりするのだが、そこで繰り広げられる人間ドラマはまさに落語。ともかく落語みたいな日常に溢れている。

このとき、短期間ではあったが、イタリア的長屋ぐらしも体験した。ナポリ近郊の島、イスキア島で借りたアパートの部屋の上に住むロレットおじさんが長屋の住人のように毎朝毎晩訪れた。朝になれば窓下から声がかかり、エスプレッソの粉がないだろう、とお節介に押しかけられる(図11-13)。ときにはパジャマのまま市内に連れ出され、おじさんのお気に入りの教会に連れて行かれた。調子に

図 11-12　街中のいたる所で日常の出来事を共有するイタリアの人々

図 11-13　窓の下から声をかけてくる上の部屋の住人

乗ったおじさんが勝手に立ち入り禁止の部屋に入り、一緒に神父に怒鳴られるなんてこともあった。一番長く滞在したアパートはナポリの新市街地だったが、そこの管理人と隣に住んでいたマリアとは、やはり顔を合わせれば長話となった。鍵を忘れて部屋に入れなくなったときは、彼らの連携プレイに助けられ、一方で彼らのお願いもたくさん聞いた。

建物に長屋的開放性はないが、プライバシーを乗り越えてくる柔軟さ、乗り越え方の巧みさはさすが、目を見張るものがある。彼らの物質的な豊かさに頼らない生活、日常の不具合を乗り越えるための笑いや共助の姿勢は落語の価値観に通ずる。彼らはまさしく落語の中の住人だ。